1318, 부처님께 바로가기

청소년 불교입문

대한불교조계종 포교원 포교연구실

조계종 출판사

인사말

청소년 여러분! 안녕하세요.

이렇게 소중한 책으로 만나게 되어 반갑습니다.

요즘 공부와 시험으로 이어지는 삶이 많이 힘들지요. 저도 여러분이 힘들어하는 모습을 옆에서 지켜보면서 마음이 편하지 않습니다.

그래서 청소년 여러분의 고민과 희망을 부처님 말씀으로 해결하여 행복하고 평화롭게 지냈으면 하는 바람으로 이 책을 펴내게 되었습니다.

청소년기는 인생에서 가장 아름다운 시절이고 무한한 가능성이 잠재한 시기입니다. 그리고 인생을 깊이 성찰하는 때이기도 합니다. 그러나 입시 위주의 학교 교육으로 자신을 돌아보지 못하고 극심한 스트레스를 호소하는 청소년이 많이 늘어나고 있습니다.

이런 시기일수록 부처님 말씀에 귀를 기울여 자신의 심지를 굳건히 세워 나가야 합니다. 부처님께서는 "자신을 잘 다스리면 얻기 힘든 주인을 얻는다"고 강조하셨습니다.

불교의 상징인 연꽃은 진흙탕을 영양분 삼아 청아하고 아름다운 꽃을 피

워내어, 그윽한 향으로 주변을 맑고 향기롭게 합니다. 여러분이 비록 지쳐 있고, 예상치 못한 어려운 상황에 처했더라도 주체적이고 적극적인 마음으로 자신을 열어가면 향기로운 꽃이 필 것입니다. 그러한 삶이 바로 연꽃 같은 마음으로 사는 삶이고, 어느 곳에 있더라도 주인다운 삶입니다.

청소년 여러분! '연꽃'처럼 언제 어디서든 밝은 마음으로 생활하기를 바랍니다. 부처님 말씀에 의지하여 언제나 맑고 기쁜 마음으로 하루하루를 건강하게 살아갈 때 입가에 행복한 미소가 번질 것입니다.

불기 2552^{2008}년 12월

대한불교조계종 포교원 포교원장 혜총 합장

발간사

『청소년 불교입문』은 이 땅의 청소년을 위해 만든 책입니다. 청소년들이 부처님 말씀에 의지해 마음의 안정을 찾고, 본래 지니고 있는 아름답고 천진한 심성을 바라보며 밝고 행복한 삶을 살아가길 바라는 마음을 담았습니다.

이 책은 청소년들이 불교를 이해하고 실천하는 데 반드시 알아야 할 기본 주제들을 다루고 있습니다. 부처님의 생애는 물론, 부처님의 중요한 가르침, 불교의 역사와 현주소, 불교문화 그리고 불자로서의 예절과 마음의 힘을 키우는 수행법을 자상하고 재미있게 설명하고 있습니다.

불교를 일방적으로 주입하지 않고 생각하면서 찾아보고, 친구들과 서로 이야기를 나누는 가운데 스스로 깨우칠 수 있도록 배려했습니다. 자칫 어렵고 지루할 수 있는 내용도 알기 쉽게 다가갈 수 있도록 구성하였으며 마음으로 느낄 수 있도록 노력했습니다.

『화엄경』에 "마음은 그림을 그리는 화공과 같다"라는 부처님 말씀이 있습니다. 부처님 말씀에 의지하여 청소년 스스로가 인생을 아름답고 빛나는

그림으로 마음껏 그릴 수 있기를 발원합니다.

청소년을 위해 이렇게 의미 있고 알찬 책이 될 수 있도록 노고를 아끼지 않은 청소년 교재 편찬위원님들과 집필위원들에게 진심으로 감사드립니다. 아울러 포교연구실 실무자들과 정성껏 편집하여 출간한 조계종출판사 관계자들에게도 감사의 마음을 전합니다.

불기 2552^{2008}년 12월

대한불교조계종 포교원 포교연구실장 동성 합장

차례

인사말 · 002

발간사 · 004

#1 불교와의 만남
불교는 어떤 종교인가 · 011
불교, 이래서 좋다 · 016
행복을 추구하는 불교 · 022
괴로운 삶과 부처님 · 028

#2 우리도 부처님처럼
부처님은 누구인가 · 035
태어나시다 · 040
출가하여 수행하시다 · 054
깨달음을 이루시다 · 061
열반에 드시다 · 066

#3 즐거운 불교공부
평안으로 향한 길 · 075
몸과 마음을 다스리는 길 · 080
세계는 어떻게 생겨나 움직이는가 · 087
삶과 세계를 움직이는 힘 · 095
정말 윤회할까 · 101
함께 행복의 세계로 · 109

#4 아름다운 삶, 행복한 마음
조화로운 삶 · 119
나를 비우면 행복하다 · 125
마음은 어떤 모습을 하고 있을까 · 132
아름답게 사랑하는 법 · 139
나를 찾는 법 · 143
친구와 잘 지내는 법 · 147

… #7 불교미술의 아름다움

불교 건축 • 219
불탑의 세계 • 232
불교 조각 • 240
불교 회화 • 248
불교 공예 • 257

#5 세계 속 불교

한국불교가 걸어온 길 • 155
아시아 불교의 어제와 오늘 • 165
서양의 불교 • 173
세계 속 한국불교 • 180

#8 믿음과 수행으로 마음의 평화를

불자가 되는 길 • 267
불자 예절 • 274
사찰의 하루 • 283
법회의 유래 • 289
나를 평화롭게 하는 수행 • 292
마음에 그리는 대로 이루어진다 • 300
청소년 불자가 나아갈 길 • 308

#6 불교문화의 향기

찬란한 불교 문화유산 • 191
불교음악과 불교무용 • 196
불교의 차 문화 • 202
불교와 건강 • 206
불교문학 • 212

사진목록 • 312

#01
불교와의 만남

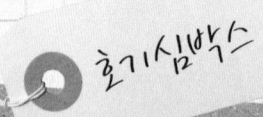
호기심박스

★ 불교의 성격과 특징을 살펴보고, 불교가 추구하는 궁극적인 목표를 알아보자.
★ 나의 행복과 다른 사람의 행복을 위한 일을 찾아보자.
★ 어떤 상황에서도 절망하지 않고 긍정적인 마음으로 밝게 생활하자.

불교는 어떤 종교인가

그대들은 이제 가되 부처님같이 가야하고, 머무르되 부처님같이 머물러야 하리라.

『대방편불보은경』

참다운 나를 찾는 종교

불교는 참다운 나를 찾는 종교이다. 부처님께서는 잃어버린 참 마음, 참모습을 찾아주고자 하셨다.
우리의 살아가는 모습을 보자. 나 자신을 바로 보지 못해 주변 상황에 의해 자신의 판단이 좌우되는 경우가 종종 있다. 그렇다면 나를 찾는 주체는 누구일까? 바로 지금의 자신이어야 한다.
부처님은 입멸하기 전에 말씀하셨다.

"스스로 등불로 삼고 스스로 의지하라. 법을 등불로 삼아 법에 의지하라."

대부분의 종교가 신과 같은 초현실적인 존재를 상정하여 숭배하던 시대에 부처님은 의지의 대상을 자기 자신으로 전환하라고 가르치셨다. 자기

자신의 지고한 가치에 눈뜨게 한 이와 같은 주체적 인생관의 선양은 부처님이 인류에게 안겨준 소중한 선물이 아닐 수 없다.

마음을 열고 대화하는 종교

내가 주체가 되어 참다운 나를 찾는 과정에서 편견이나 독단에 빠지지 않으려면 타인과의 대화가 반드시 필요하다. 함께 석 달을 지내면서 한마디의 대화도 나누지 않았던 제자들을 향해 부처님은 '서로서로 가르치고 서로서로 깨우쳐야 한다'며 훈계하셨다. 법法,dharma❖을 이야기할 때에도 정확한 뜻과 표현을 갖추어야 한다고 강조하셨다.

진리를 깨닫게 하는 종교

불교는 깨달음의 종교로 알려져 있다. 깨달은 사람[佛]이 깨닫고자 하는 사람[僧 또는 菩薩]을 깨닫게 하는 가르침[法]이기 때문이다. 그때 깨달음의 내용과 깨달음에 나아가는 길이 바로 법이다. 불교는 진리를 강조한다. 그 진리를 불교에서 법이라 한다. 이 법이야말로 자기 자신과 더불어 불자가 의지해야 할 또 하나의 가치이다. 내가 주체가 되어 삶을 영위해야겠지만, 그런 나 또한 얼마든지 오류

❖법 불교에서 말하는 법은 '법칙성을 띤 것'을 가리키는 말로서 부처님의 가르침이나 진리를 의미한다. 개별적인 존재 하나하나를 법이라 하는 것도 그 존재 모두가 우주의 법칙을 담고 있으며 그런 법칙에 의해 움직이고 있기 때문이다.

에 빠질 수 있다. 따라서 법에 의지하지 않고서는 바른길을 걸어갈 수 없다. 불교의 길은 법에 의지하여 법을 깨달아 나아가는 과정이라고 할 수 있다.

어두운 마음을 밝게 하는 종교

깨달은 법에 입각하여 탐욕과 분노와 어리석음에 쌓인 마음을 자유롭고 평화로우며 지혜롭게 바꾸어가는 과정이 수행이다. 수행하는 사람은 이 세상의 모든 생명을 자신의 벗으로 받아들여 그들의 기쁨과 슬픔을 함께하며 그들의 행복을 위해 모든 것을 바친다. 이처럼 깨달음을 구하며 중생을 교화하는 삶을 살아가는 사람을 보살이라고 한다. 뭇 생명의 벗이 되는 보살의 삶이야말로 모든 불자가 지향해야 할 궁극적인 목표이다.

믿음과 정진의 종교

뭇 생닝의 벗인 보살이 되려면 먼저 부처님[佛]과 부처님의 가르침[法]과 부처님의 가르침을 따르며 사는 청정한 스님들[僧]을 믿고 따라야 한다. 불교는 부처님의 말씀을 듣는 것에서 시작하여 그 말씀의 진실한 의미를 생각하고 깨달아 실천하는 과정이다. 부처님과 그 가르침 그리고 그 가르침에 깊이 들어간 선지식에 대한 믿음 없이는 두터운 나의 무지를 타파할 수 없다.

믿음을 갖춘 사람은 부처님의 가르침을 깨달아 내 것으로 만들기 위해 꾸

준한 정진에서 물러나지 않는다. 정진은 어떤 수행도 완성하게 하는 힘이다. 부처님께서도 '나는 정진 하나로 최고의 깨달음을 이루었다'고 하셨으며, 제자를 향한 유훈의 마지막도 정진을 당부하는 것으로 맺었다. 믿음과 정진은 불교를 오늘날까지 있게 한 버팀목이다.

생각 펼치기

- 깨달음의 종교인 불교에서 믿음이 중요한 이유를 이야기해보자.
- 불교를 한 단어로 정의해보고, 그 이유를 이야기해보자.

불교란 어떤 종교인가

불교는 내 스스로 인생의 주체가 되어 타인과 대화하며 진리를 깨달아 마음을 밝게 하여 모든 생명의 벗으로 살아가게 하는 종교이다.

종교의 정의

종교는 한동안 신과 인간의 재결합이라 여겨졌다. 종교로 번역되는 'Religion'이란 단어가 '다시 연결하다'는 의미가 있기 때문이다. 그러나 고도의 지적 체계를 갖춘 불교가 서양에 알려지면서 그러한 종교의 정의는 신을 중심으로 하는 종교의 입장에서만 내려진 편협한 정의로 비판받고, 더 이상 사용하지 않는다.

그래서 학문과 윤리와 예술이 각각 진眞, 선善, 미美를 추구함과 같이 종교는 성스러운 것[聖]과의 만남이라고 보는 견해가 서양에도 널리 퍼져 있다.

종교라는 말은 『능가경』에서 나왔다. 그것은 마루 종宗, 가르칠 교敎가 결합한 말로 최고의 가르침이라는 의미이다. 종교는 인간이 지니는 궁극적 문제에 대한 가르침을 주어야 한다는 것이다.

이와 관련하여 최근에는 일본의 종교학자 키시모토 박사가 말한 종교에 대한 정의가 가장 합리적인 것으로 인정받는다.

"종교는 첫째 인간이 지니는 궁극적인 문제에 대해 해결을 준다고 주장하며, 둘째 그 주장을 신앙하는 무리에 의해 영위되는, 셋째 의례를 동반하는, 넷째 문화 현상이라는 것이다."

불교, 이래서 좋다

자기의 허물을 알고 남의 훈계를 따르는 사람, 그는 갈수록 안식을 얻고 그 사귐은 무너지는 일이 없다.
「본생경」

불교는 합리적이다

불교는 무엇보다 먼저 합리적이라는 점을 들 수 있다. 이 말은 객관성을 갖추고 있다는 말과 상통한다. 이치에 맞는 생각과 누구나 인정할 수밖에 없는 보편적 사실에 입각한다는 뜻이다. '이 세상에 영원한 것은 없다' 거나 '모든 존재는 서로 의지한다' 는 기본 교리가 대표적인 예이다.

그에 반해 대부분의 종교는 이성적으로 이해할 수 없는 존재를 신앙하거나 객관적으로 인정할 수 없는 교리를 주장한다. 물론 종교는 수학이나 과학과 같은 학문과는 성격이 다르다. 따라서 신앙의 대상이나 교리가 반드시 이해되어야만 하는 것은 아니다. 종교가 신앙을 바탕으로 하는 것도 당장 이해되지 않는 내용을 중심으로 삼고 있기 때문이다. 불교 또한 믿음의 중요성을 끊임없이 강조한다.

그러나 불교에서의 믿음은 누구나 노력하면 깨달음으로 전환된다. 처음에는 쉽게 이해되지 않는 교리라 할지라도 결국에는 합리적인 이해가 이루어진다. 믿음과 이해가 일치하는 것이다. 까다롭기 그지없던 수학 문제도 차근차근 공부하다 보면 어느 순간 '아, 그렇구나!' 하고 알게 되는 것과 마찬가지다. '나도 깨달은 사람이 될 수 있다'는 굳건한 믿음이 필요할 뿐이다.

합리적인 것은 어렵지 않다. 생각하면 알 수 있기 때문이다. 그래서 불교는 다가가기 쉽다. 미신이나 맹신에 빠질 위험도 당연히 없다. 불교는 대화가 가능하다. 합리적인 것은 개방적이며 독선을 거부하기 때문이다. 끝내 이해되지 않는 대상, 사실과 부합하지 않는 주장에 빠진 사람과는 대화조차 어렵다. 그런 사람들은 극히 주관적인 신앙 체험만을 신봉하는 경우가 많고 그만큼 다른 사람과의 소통이 힘들다. 불자가 다른 종교인보다 원만한 사회생활을 한다고 평가받는 이유도 불교가 합리적인 사유를 중요시하기 때문이다.

불교는 현실적이다

불교는 현실적이다. 현실 속에서 보람과 풍요를 누릴 수 있는 길을 명료하게 제시한다. 영생이라고도 할 수 있는 열반도 이 세상에서, 살아 있는 동안 성취할 수 있다. 죽음 이후에, 다른 세상에서야 비로소 가능하다고 하는 다른 종교의 구원에 대한 주장과는 사뭇 다르다. 영원한 행복의 경지인 피안彼岸도 다른 곳에 있는 것이 아니다. 잘못된 생각, 어지럽고 비뚤어진 마음이 사라진 상태가 곧 피안이다.

다른 종교인은 신을 믿으면서도 그 존재에 대한 의혹과 쉼 없이 싸워야

한다. 신은 비현실적인 존재이기 때문이다. 현실 속에서 교설의 진실성을 확인할 수 있는 불교는 회의懷疑가 따르지 않는 순수한 믿음을 얼마든지 가능하게 한다.

불교는 인간을 존중한다

불교는 인간중심적이다. 인간만을 고귀한 존재로 인정한다는 의미가 아니다. 인간을 지배하는 다른 존재나 힘을 인정하지 않는다는 것이다. 불경에도 하늘나라나 신에 대한 서술은 많다. 그러나 불교에서의 신은 숭배나 신앙의 대상이 아니다. 바른 삶을 살고자 하는 나를 도와주거나 깊어진 수행의 단계를 상징하는 존재이다.

부처님은 인간으로 태어났음을 한없이 감사해야 한다고 말씀하셨다. 인간이야말로 진리를 깨달을 수 있는 가장 좋은 여건의 존재이기 때문이다. 만나기 어려운 기회를 게으름과 악행으로 흘려보내서는 안 된다.

인간의 삶은 인간 자신에게 달렸다는 것이 불교의 기본 입장이지만, 주변 환경과의 상호작용을 무시하지는 않는다. 환경이 인간에게 미치는 영향은 지극히 강대하다. 개인은 말할 것도 없고 인류 전체의 운명을 송두리째 바꿔버리기도 한다. 그런데 환경 역시 인간의 행위에 의해 좋아질 수도 나빠질 수도 있다. 생태계에서 인간이 차지하는 비중 또한 다른 어떤 생명체보다 크기 때문이다. 환경에 대한 인간의 책임이 갈수록 강조될 수밖에 없다.

환경을 바라보는 시각에서도 불교는 시대를 앞선 탁월한 안목을 갖추고 있다. 모든 생명의 평등함을 일찌감치 천명한 것이다. 인간 이외의 존재를 인간을 위한 수단이나 정복, 또는 지배의 대상으로 본 다른 종교나 사상과는 차원을 달리한다.

불교는 평화를 지향한다

불교는 평화를 지향한다. 전쟁이나 폭력을 추구한다면 이미 종교라고 할 수 없다. 미신과 종교를 가르는 중요한 기준으로 도덕성을 언급한다. 전쟁이나 폭력 이상으로 비도덕적인 행위는 찾아보기 어렵다. 그럼에도 불구하고 평화를 지향하는 것이 불교만의 특징이라고 할 수 있는 까닭은 무엇일까? 인류의 역사를 돌이켜볼 때 종교로 말미암아, 혹은 종교라는 이름으로 전쟁이나 폭력을 자행한 경우가 허다하기 때문이다. 지금도 세계 곳곳에서는 종교와 관련된 분쟁이 끊이질 않는다.

그러나 불교는 2천5백여 년의 역사 속에서 전쟁이나 폭력을 용납하지 않았다. 차라리 전쟁이나 폭력의 희생자가 되거나, 선량한 사람들의 환난을 막기 위한 노력은 다할지언정 결코 총칼을 앞세운 적이 없었다. 다른 문화, 다른 종교를 만나 핍박을 받을 때에도 온유함을 잃지 않았다.

불교와의 만남

현재의 불교를 보면 전파된 지역에 따라 그 모습이 상당히 다름을 알 수 있다. 이는 그곳의 문화와 종교를 수용하여 융화된 결과이다.

자기 종교에 대한 절대적인 신념은 종교인이 갖춰야 할 기본적인 자세이다. 하지만 그 신념이 다른 사람이나 다른 종교를 억압하고 파괴하는 합당한 근거일 수는 없다. 사람들은 종교를 통해 이상향을 꿈꾼다. 평화가 사라진 곳에서 종교의 이상을 실현할 수 없다. 불교는 종교의 목적을 최선을 다해 지켜온 유일한 종교라 할 수 있다.

생각 펼치기

- 종교와 미신의 차이점을 생각해보고, 맹신이나 광신이 가져오는 폐해를 이야기해보자.
- 종교와 관련된 인류사의 비극을 조사하여 이야기해보자.

지혜 BOX

불교와 기독교의 차이

우리나라를 대표하는 두 종교는 불교와 기독교이다. 기독교는 예수그리스도에 의한 구원의 길을 주장한다. 반면 불교는 자기 자신의 마음과 행위야말로 인생을 열어가는 근원적인 힘이라고 밝힌다. 부처님은 외부에 존재하는 신은 인간의 어리석은 상상일 뿐이며, 설령 있다 해도 우리 인생의 지배자나 창조주는 아니라고 말씀하셨다. 부처님은 자기 자신을 주인공으로 회복하여 스스로 자기 인생을 힘차게 열어가야 한다고 말씀하셨다.

이러한 입장은 역사의 방향에도 똑같이 적용된다. 기독교에서는 인간의 역사가 여호와라는 신의 창조에서 시작하여 예수의 재림으로 종결된다고 주장한다. 역사를 전개하는 힘 또한 신의 섭리이며 그 과정에서 인간은 끊임없이 타락한다고 한다.

그러나 불교는 인간의 미래와 역사를 열려 있는 것으로 보고, 인간의 삶이 인간 자신의 마음(의지)에 달렸듯이 인류의 삶도 인류 전체의 생각과 행위가 어떤 방향으로 움직이는가에 따라 얼마든지 달라질 수 있다고 본다.

행복을 추구하는 불교

살아 있는 모든 것은 다 행복하라.
『숫타니파타』

행복을 구하는 불교

누구나 행복하기를 바란다. 사람뿐만 아니라 크고 작은 짐승이나 이름 없는 풀 한 포기도 행복하기를 바란다. 자신의 불행을 바라는 존재는 없다. 이 세상에서 가장 간절하게 행복을 구한 사람은 누구였을까?

부처님의 제자 아니룻다는 해진 옷을 기우려고 바늘에 실을 꿰려고 하였지만 아무리 애를 써도 잘되지 않았다. 눈이 멀었기 때문이다. 마침내 아니룻다는 탄식 섞인 소리로 중얼거렸다.

"누가 행복을 구하는 사람이 있으면 나를 좀 도와주었으면…."

그때 아니룻다의 손에서 바늘과 실을 받아든 사람이 있었다. 부처님이었다. 깜짝 놀란 아니룻다가 물었다.

"아니, 부처님께서는 가장 행복한 분인데 왜 저의 말에 응답하시옵니까?"

부처님께서 대답하셨다.

"아니룻다여, 이 세상에서 나보다 더 간절하게 행복을 구하는 사람은 없으리라."

부처님은 행복 그 자체였다. 스스로 행복을 이루고 모든 생명의 행복을 위해 평생을 헌신하셨기 때문이다. 불법을 전하는 목적도 '천상과 인간의 이익과 행복'을 위함이었으며 "살아있는 모든 것은 다 행복하라"는 것이 부처님의 소망이었다.

불교는 행복의 길이다. 착한 일과 선정은 기쁨을 부르며, 열반은 흔들림 없는 행복이다. 불자로서의 첫 단계를 『화엄경』에서는 환희지, 즉 기쁨의 자리라고 한다. 불교는 힘겨운 수행 끝에서 비로소 기쁨을 누리는 길이 아니라, 시작하는 그 순간부터 기쁨과 함께하는 가르침이라는 의미이다.

그러나 안타깝게도 많은 사람이 행복을 바라면서도 오히려 불행 속에서 괴로워한다. 방법을 잘못 알거나 알고도 실천하지 못한 것이나. 뱀을 잡으려면 머리를 잡아야 한다. 그것을 모르거나, 알고도 제대로 하지 못해 몸통이나 꼬리를 잡으면 오히려 뱀에 물려 극심한 고통을 겪게 된다.

'돈만 있으면 돼 / 인생이 뭐 별건가. 되는대로 살다 가는 거지 / 잘 사나 못 사나 다 제 운명 탓이야' 등의 잘못된 인생관이 그것이다. '나 살기도 바쁜데 남 생각할 틈이 어디 있나! / 사람이 뭘 알 수 있겠어'와 같은 이기

적인 마음, 어둡고 부정적인 마음도 행복을 가로막는다.

현대인이 걷는 행복의 길

행복은 생활에서 충분한 만족과 기쁨을 느끼는 흐뭇한 상태를 말한다. 욕구가 충족되어 부족함이나 불안함을 느끼지 않고 안심하는 심리적인 상태이다. 따라서 지극히 주관적인 상태일 수밖에 없다. 사람마다 바라는 바가 다르고, 바라는 정도가 다를 뿐만 아니라, 같은 사람이라 해도 상황에 따라 욕구의 내용과 정도가 달라지기 때문이다.

흔히 행복을 누리기 위한 조건으로 의식주 문제의 해결을 꼽는다. 대부분의 사람이 당연한 듯 고개를 끄덕인다. 그들에게 빈곤과 행복은 결코 양립할 수 없다. 빈곤한 자는 일단 불행한 자요, 행복하려면 반드시 어느 정도의 경제적 풍요가 보장되어야 한다고 믿는다. 그러나 그 또한 사람들의 주관적인 생각으로 그에 대한 욕구를 자연스럽게 일으킨 것이다. 따지고 보면 객관적인 행복의 조건은 없다. 단지 공통된 욕구가 있는 사람이 많을 뿐이다.

현대는 자본주의의 시대다. 자본주의는 인간의 욕구를 긍정하고 그 욕구의 합리적인 충족을 도모한다. 다수의 지지를 받아 번성하는 이유이다. 그러나 인간의 욕구는 무한하다. 황금이 비 오듯 쏟아져도 인간의 욕망을 채울 수는 없다. 풍요한 가정의 아이들이 불만을 표출하고 비행을 저지르면 '복에 겨워 저러지'라며 혀를 차지만, 과연 그럴까? 복이 넘치면 더욱 행복해야 하는 것이 정상이다. 복이 넘쳐 짜증 부린다는 말은 모순이다.

부유할수록 욕구의 크기도 커지고, 아무리 부유해도 충족되지 않는 또 다른 욕구가 있을 수 있는 것이다. 행복지수가 소득에 비례하지 않음은 상식에 속한다. 자본주의가 행복한 삶을 가능하게 할 것처럼 보여도 근원적으로 한계를 가질 수밖에 없다.

진정한 행복

불교는 어떤가? 부처님은 인간이 자신의 이익을 추구하는 욕망의 존재임을 인정하셨다. 그래서 욕망을 충족하고자 하는 행위를 나쁘다고 하진 않으셨다. 다만 자신의 욕구를 충족하고자 할 때 타인의 욕구 또한 함께 배려하라고 권하셨다. 자신과 타인의 이익을 함께 추구하는 행위를 선善이라 하며 선에는 반드시 행복이 따른다는 가르침과 함께, 욕구를 그대로 둔 지혜로운 충족의 행복을 말씀하신 것이다.

그러나 좀 더 깊이 살펴보면, 부처님은 행복을 누리는 길에 대해 완전히 다른 입장을 제시하고 있음을 알 수 있다. 바로 욕구를 대하는 입장의 전환이다. 욕구의 완전한 충족이 불가능하다면, 욕구를 충족하려는 노력을 통해 행복해짐 역시 불가능하다. 그렇다면 어떤 길이 남는가? 욕구 자체를 줄이거나 없애면 된다.

소욕지족少欲知足과 무탐無貪의 마음이다. 수행은 어리석은 생각을 떠나 넘치는 탐욕을 제어하는 과정이다. 그 과정은 매 순간 감사와 기쁨을 동반한다. 욕구의 크기가 줄어들수록 만족의 크기는 늘어나기 때문이다.

그런데 아무런 욕구 없이 산다는 것이 가능할까? 가능하다 해도 바람직한

것일까? 그렇지는 않을 것이다. 부처님의 가르침도 '욕심 없음'에만 머물지 않는다. 한 걸음 더 나아가 욕구의 내용과 대상을 완전히 바꾸어야 함을 선포하셨다. 깨달음과 세상의 행복을 위한 욕구를 일으켜 적극적으로 살아가라고 하셨다. 그것이 모두 함께 잘 살라는 서원을 발하고 사는 삶이다. 이기적인 욕구가 사라진 만큼, 그러한 삶은 더 이상 어렵지 않다. 오히려 크나큰 보람 속에서 자연스럽게 펼쳐질 수 있다. 이보다 더한 행복이 어디에 있겠는가!

수많은 지성인이 불교에 매료되는 현상은 더 이상 특별한 일이 아니다. 서양에서 불교 인구가 갈수록 늘어가고, 첨단을 구가하는 현대문명이 부딪친 한계를 극복하는 대안으로 불교를 지목하는 것도 이미 보편적 경향이다. 불자로서의 자부심을 품고 당당하게 생활하자.

- 세계인의 행복지수를 조사하고, 물질적 풍요와 행복의 상관관계를 이야기해보자.
- 욕심과 욕구의 차이점을 이야기해보자.

지혜 BOX

서양에서도 불교를 믿는 유명한 스타가 상당히 많다. 《매트릭스》의 주인공 키아누 리브스 Keanu Reeves나 《반지의 제왕》의 올랜도 블룸 Orlando Bloom, 《인디아나 존스》의 해리슨 포드 Harrison Ford, 코미디 황제 짐 캐리 Jim Carrey, 샤론 스톤 Sharon Stone, 레오나르도 디카프리오 Leonardo Dicaprio 등과 이미 신심 깊은 불자로 유명한 리차드 기어 Richard Gere가 있다. 명감독 조지 루카스 George Lucas와 마틴 스콜세지 Martin Scorsese, 미국 젊은이의 우상인 농구 황제 마이클 조던 Michael Jordan 또한 불자이다.

또한 세계 최대의 컴퓨터 회사인 애플사의 최고경영자인 스티브 잡스 Steven Jobs는 불교에 의지하여 젊은 날의 고난을 극복하고 오랜 세월 성공을 이어가는 대표적인 인물이다.

골프 황제 타이거 우즈 Tiger Woods도 불자인데, 다음과 같은 일화가 유명하다. 기자들이 골프 황제 타이거 우즈에게 "수많은 갤러리와 취재진, 안전 요원들 속에서 게임을 하면서도 어떻게 그렇게 흔들리지 않고 완벽한 플레이를 할 수 있습니까?"라고 물었다. 이에 타이거 우즈가 답했다.

"어머니를 통해 믿게 된 불교 때문입니다. 그렇지 않았다면 이 나이에 그런 내적인 평화와 침착함을 갖출 수 없었을 것입니다. 매일 불교 수행을 하지는 못하지만 틈나는 대로 선禪 수행을 합니다. 제가 불교를 좋아하는 것은 불교가 삶과 생활 전체를 아우르는 방식이기 때문입니다."

괴로운 삶과 부처님

<mark>기뻐하라, 너희 모두 부처님이 될 것이다.</mark>
『법화경』

괴로운 삶

"그래도 너희 때가 좋아. 공부만 하면 되니 무슨 걱정이 있겠어? 그것도 모르고 틈만 나면 놀려고 하니…. 커서 고생을 해봐야 알지."
어른들이 툭 하면 하는 말이다. 먹여주고 재워주고 입혀주니 힘든 일이 있을 수 없다는 생각인가보다. 그럴지도 모른다. 하지만 거꾸로 생각해보자.
"어른들은 좋겠어요. 돈만 벌면 되니. 이래라저래라 간섭하는 사람도 없고."
이렇게 말한다면 이 말을 듣는 어른의 표정이 어떻게 변할까?

한 학생이 쓴 글의 일부다. 힘든 상황을 전혀 몰라주는 기성세대에 대한 항변이다.
삶은 괴로움[苦]의 연속이다. 별로 힘겨워 보이지 않는 사람도 있지만 그것은 그 사람 본인이 아니어서 그렇게 보이는 것 뿐이다. 사실은 그 사람도 쉽지 않은 인생을 사는 경우가 대부분이다. 다리가 부러져 깁스한 친구의 고통보다 내 다리에 긁힌 상처 하나가 훨씬 아프지 않은가.

물론 신나는 일, 즐거운 일도 있다. 하지만 즐거움은 어느 순간 사라지고 다시 피곤한 일상으로 돌아가곤 한다. 괴로움과 즐거움을 번갈아 겪으며 차츰 늙어가고 병들고 죽음에 이른다. 삶 자체, 존재 자체가 고苦라고 하신 부처님의 말씀이 가슴에 와 닿는다.

힘든 삶을 숙명처럼 받아들이는 사람들이 있다. 어쩌다 재수 없어서 그런 팔자를 타고났다며 투덜거리는 사람도, 신의 뜻이라 여기며 성실하게 사는 사람도 있다. 그러나 부처님은 그와 같은 생각, 그와 같은 태도가 잘못된 것이라고 깨우치셨다.

삶이 괴로운 것은 사실이다. 힘든 하루하루를 애써 즐겁다 하고, 허무한 인생을 의미 있다 생각함은 스스로를 속이는 헛된 위로에 불과하다. 엄연한 사실을 외면해서는 안 된다. 하지만 괴롭게 된 데에는 반드시 그럴만한 원인이 있다. 그런데 숙명이나 운수, 혹은 신을 그 원인이라 할 수 있을까? 부처님은 아니라고 하셨다. 그저 막연한 생각이거나 사람들에게 박혀 있는 선입견일 뿐, 합당한 근거가 전혀 없기 때문이나.

괴로운 삶의 극복

불교에서는 괴로운 현실을 자신과 세상의 참모습을 바로 보지 못한 무지와 이기적인 욕심의 결과라고 본다. 무지와 욕심을 떠나면 온갖 괴로움은 물론 죽음조차도 물리칠 수 있다. 우리 자신이 힘들고 허무한 삶을 기쁘

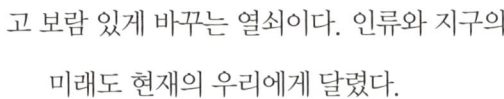

고 보람 있게 바꾸는 열쇠이다. 인류와 지구의 미래도 현재의 우리에게 달렸다.

불교는 인간에 대한 신뢰를 포기하지 않는다. 나약하기 이를 데 없고 온갖 허물과 이기적인 욕망으로 가득 차 있어도, 오만함에 빠져 남의 말에 귀 기울일 줄 몰라도, '당신은 부처님이 되실 것입니다'라는 믿음을 굳게 지닌다. 모든 생명은 불성을 지니고 있기 때문이다. 그것을 일체중생 실유 불성一切衆生 悉有佛性이라고 한다.

부처님은 우리가 할 수 없는 일을 하라고 하진 않으신다. 착하게 살 수 있기에 착하게 살라 하시고, 사랑으로 다른 생명을 바라볼 수 있기에 그리하라 하셨다. 당신과 같은 깨달음을 얻을 수 없다면 성불의 길로 굳이 힘들게 인도할 필요도 없었다. 부처님은 가르침에 나섰고, 많은 사람이 자신의 참모습을 회복하여 삶의 보람을 찾고, 해탈과 깨달음을 이루었다. 부처님의 말씀은 그저 듣기 좋은 말, 단순한 위로가 아니었다.

언제나 빛나는 참다운 나

보리수 아래에서 깨달음을 이루신 부처님은 의혹에 휩싸이셨다.

"이상하다, 이상하다. 중생은 여래의 지혜가 있으면서도 어째서 알지도 보지도 못하는가?"

이 의혹은 연민으로 이어져 우리 앞에 부처님이 출현하게 했다.
참으로 놀라운 소식이다. 중생인 우리에게도 부처님이 될 가능성이 있다는 정도의 말씀이 아니다. 이미 부처님과 다를 바 없는, 본래 부처님이라는 선언이다. 구름이 해를 가려 그 빛이 흐려도 해는 언제나 해이듯, 우리 또한 항상 부처님이란 것이다. 부처님은 그처럼 우리의 고귀한 참모습을 일깨우시며 구름을 걷어내는 길을 알려주셨다. 그 등불이 수많은 선지식에 의해 전해졌다. 이제부터는 우리의 몫이다. 그토록 빛나는 나의 참모습을 어찌 한낱 구름으로 가릴 수 있겠는가!

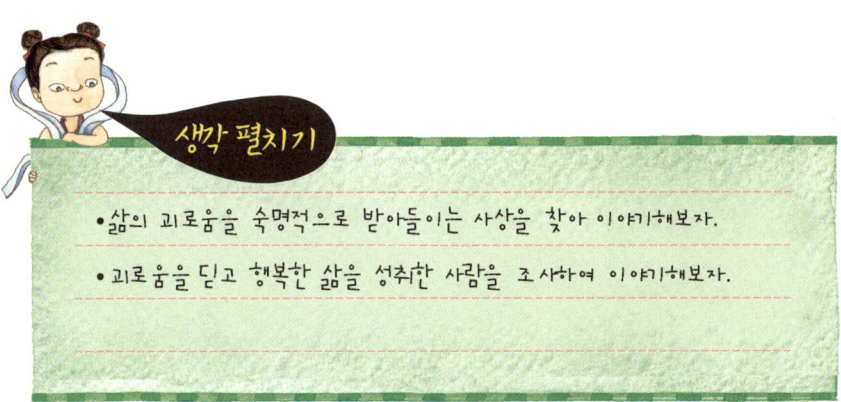

생각 펼치기

- 삶의 괴로움을 숙명적으로 받아들이는 사상을 찾아 이야기해보자.
- 괴로움을 딛고 행복한 삶을 성취한 사람을 조사하여 이야기해보자.

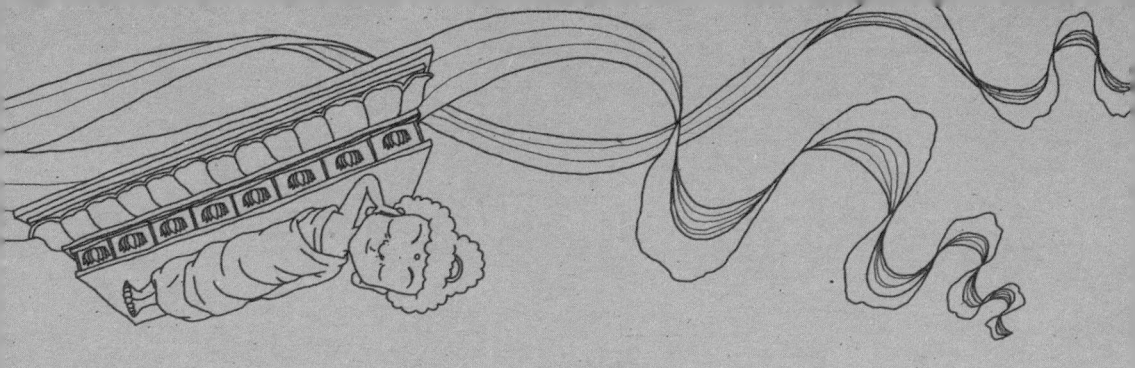

#02
우리도 부처님처럼

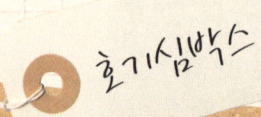

- 인간으로서의 부처님이 우리의 신앙 대상이 될 수밖에 없는 이유를 알아보자.
- 부처님의 위대한 점을 찾아보고 이야기해보자.
- 부처님이 다른 종교의 교조와 다른 점을 찾아보고, 이야기해보자.
- 부처님의 삶을 본받아 진실을 추구하고 타인을 배려할 수 있는 실천 방안에 대해 생각해보자.

부처님은 누구인가

==도는 마음에 있는 것이요, 나이에 있는 것이 아니다.
믿는 마음만 있다면 무엇을 이루지 못하겠는가?==

「출요경」

우리도 부처님처럼

불자가 추구하는 목표는 부처님처럼 사는 것이다. 그렇다면 부처님은 누구이고 어떤 분인가? 부처님은 인간인가 신인가?

> 부처님께 제자가 물었다.
> "당신은 천인天人입니까?"
> 부처님께서 대답하셨다.
> "아니다."

이렇게 대답하신 부처님은 분명히 인간이다. 부처님은 한 마리 새의 죽음 앞에 삶의 슬픔을 느끼고, 타이름을 외면하는 제자의 행동에 가슴 아파하셨다. 부처님은 우리와 똑같은 인간이었으나, 우리와 똑같은 인간이 아니라 깨달은 인간이시다.

부처님은 산스크리트어 붓다Buddha를 번역한 말이다. 붓다란 깨친 사람, 눈을 뜬 자를 의미한다. 그렇다면 무엇을 깨닫고 무엇에 눈을 뜬 것인가? 그 깨달음의 대상은 진리이다. 세상과 인생을 움직이는 원리를 깨달은 자가 붓다이다. 몇 가지 지식을 더 가진 사람이 아니라, 우주와 인생의 궁극적 진리를 완전히 알고 보신 분이다. 그리하여 마음의 평화를 갖추고 죽음마저 초월한 붓다이다.

눈을 떴다는 것 역시 이러한 진리에 눈을 떠 마음이 환하게 밝아진 상태를 의미한다. 그렇게 눈이 밝으니 무엇을 해야 할지, 어디로 가야 할지 앞길이 환히 보인다. 앞길이 환히 보이니 절대 방황하지 않는다. 마음을 흔드는 어떤 조건과 상황을 만나더라도 흔들리지 않고 앞길을 묵묵히 걸어간다. 그러한 분이 부처님이다.

석가모니부처님은 지금부터 2천6백 년 전 인도의 히말라야 기슭에서 태어나 깨달음을 얻고 인류의 위대한 스승으로서 그 길을 몸소 걸어가신 역사적인 인물이다. 부처님께서 앞서 그 길을 걸어갔기 때문에 우리도 그 길을 따라 걸으면 부처님처럼 되며 결국 부처가 될 수 있다.

구제자로서의 부처님

부처님은 깨달음을 얻어 모든 번뇌와 속박을 벗어난 자로서의 측면뿐만 아니라 구제자의 측면 또한 지니고 있다. 부처님은 깨달음의 힘과 한없이 깊은 자비심으로 어리석은 중생을 깨우치고, 고뇌하는 중생을 구원하신다. 녹야원[사르나트, Sarnath]❖으로 가는 길에서 만난 우파카에게 부처님은 다음과 같이 밝히셨다.

> 나는 가장 뛰어난 자이며 모든 것을 아는 자[一切智者]이다.
> 나는 어떤 것으로도 더럽혀지지 않으며
> 애욕愛欲을 끊고 모든 것을 버려 깨달음을 얻었다.
> 스스로 깨달은 내가 누구를 스승으로 삼으랴.
> 인간 세상과 하늘나라 어디에도 나에게 비길 사람은 없다.
> 나는 존경받아 마땅한 사람, 위 없는 스승[無上師]이니
> 청량淸凉하며 적멸寂滅을 얻은
> 오직 한 사람의 올바른 깨달음을 얻은 자[正覺者]이다.
> 나는 사람들에게 진리를 알리기 위해 바라나시로 가는 길이다.
> 이 어두운 세계에서 나는 영원한 생명의 북을 울리리라.

부처님은 80세로 입멸에 들어 인간의 수명을 마쳤지만 영원한 진리의 세

❖ 녹야원 석가모니부처님께서 35세에 성도한 후 최초로 설법한 장소이다.

계로 들어갔다. 진리와 함께하면서 어렵고 힘든 사람, 고뇌하고 슬퍼하는 사람을 위해 자비의 손길을 펼치고 있다. 부처님은 그 영원한 생명의 자리에서 중생이 바라는 바에 귀 기울이고 도움을 주며 이끌어 주신다.

부처님은 깨우치는 자, 구제자로서의 삶을 멈추지 않으신다. 언제나 곁에 머물며 '제도하지 못한 이를 제도하며, 이해하지 못한 이를 이해하게 하며, 편안하지 못한 이를 편안하게 하고, 열반하지 못한 이를 열반하게'「법화경」「약초유품」하신다.

부처님은 모든 것을 이루신 분이다. 그럼에도 불구하고 다시 이 땅의 중생을 위해 당신의 삶 전체를 온전히 바치고 계신 분이다. 우리는 그 품에서 자라며 그 길을 따르는 행복하고 자랑스러운 그분의 아들딸이다. 찬탄하지 않을 수 없고, 신명을 다해 귀의하지 않을 수 없다.

- 인간이 깨달음에 이를 수 있는 능력이 있는지 서로 이야기해보자.
- 깨달은 인간으로서의 부처님과 구제자로서의 부처님에 대한 공통점과 차이점을 이야기해보자.

지혜 BOX

불교에는 수많은 부처님이 있다. 그 중에서도 아득한 과거의 연등부처님과 미래에 오신다는 미륵부처님, 그리고 중생을 극락으로 인도하여 영원한 즐거움을 누리게 한다는 아미타부처님은 가장 유명한 분들이다. 그리고 병든 사람을 구제하겠노라는 약사여래부처님도 있다.

부처님들이 서로 다른 이유는, 비록 깨달음의 내용은 같을지라도 개성까지 같을 수는 없기 때문이다.

부처님은 깨달음을 이룬 사람이며, 누구나 깨달을 수 있기에 많은 부처님이 존재하는 것은 지극히 당연한 일이다. 그 가운데 석가모니부처님이 역사 속에 나타나 다른 부처님까지 알려주시므로, 석가모니부처님을 스승으로 신앙하는 것이다.

시방삼세十方三世에 무량한 중생이 있으므로, 시방삼세에 무량한 부처님이 계신다는 말도 충분히 가능하다. 그러나 자연이나 인공의 온갖 대상을 신으로 여겨 숭배하는 다신교와 혼동해서는 안 될 것이다.

시방삼세
전 세계를 가리키는 공간으로 우주 전제를 의미한다. 시방+方은 우주의 공간적인 표현으로 사방[四方 : 동, 서, 남, 북], 사유[四維 : 북서, 남서, 남동, 북동]와 상, 하의 열 방향을 나타낸다. 삼세=世는 과거, 현재, 미래로서 우주의 시간적인 표현이다.

태어나시다

여래가 이 세상에 나온 까닭은
돌봐주는 이 없고 곤궁하고 재앙을 만난 사람들을 위해서이다.
『법구비유경』

태자가 태어나다

"그만두라 천주天主여, 내 스스로 나가리라."

싯다르타 태자가 태어날 무렵 옆에서 시중들려 하는 천주의 도움을 물리치는 대목이다.

4월 8일 새벽녘이었다. 출산을 위해 친정 콜리성으로 가던 마야摩耶 왕비 일행은 룸비니 동산에 이르렀다. 그곳에는 한 송이 꽃처럼 아름다운 살라나무가 있었다. 살라나무는 고뇌가 없다는 의미에서 무우수無憂樹라고도 한다. 시종들의 부축을 받으며 다가간 왕비가 살라나무 가지를 잡고 싶어 하자, 가지는 부드러운 갈대처럼 스스로 굽혀 왕비의 손이 미칠 수 있게 하였다. 그 순간 싯다르타 태자가 탄생했다.

태자는 일곱 걸음을 걸었다. 발바닥을 땅에 디딜 때마다 일곱 송이의 연꽃이 피어났다. 그렇게 걷고 나서 태자는 사방을 둘러보고 외쳤다.

"하늘 위나 하늘 아래에 내가 오직 존귀하도다. 이 세상이 온통 괴로우니 내가 마땅히 평안케 하리라[天上天下 唯我獨尊 三界皆苦 我當安之]."

허공에서 따뜻하고 시원한 두 종류의 물줄기가 뿌려지며 왕비와 태자를 씻어주었다.

태자가 태어난 카필라국은 히말라야 남쪽 산기슭, 지금의 네팔 타라이 지방에 석가족釋迦族이 세운 여러 왕국 중 하나였다. 쌀을 주식으로 하는 비교적 풍요한 농업국이었으며, 왕은 숫도다나[淨飯王]였다. 숫도다나 왕과 그의 부인 마야 왕비 사이에서 태어난 아들이 석가모니釋迦牟尼이다. 석가모니는 석가족 출신의 성자聖者라는 말이며, 세상에서 가장 존귀한 분이라는 뜻으로 석가세존釋迦世尊, 줄여서 석존이라고 한다. 본명은 싯다르타 Siddhārtha이다. 싯다르타란 '모든 것을 다 이루었다'는 의미다. 성이 고타마Gotama이므로 고타마 싯다르타라고 부른다. 고타마 성을 가진 부처님이란 의미에서 고타마 붓다라는 표현도 널리 쓰인다.

태자가 궁중에 도착하니 여러 가지 상서로운 일이 일어났다. 땅이 크게 움직여 높은 언덕이 평평해졌고, 길과 거리가 깨끗해지며 향기가 가득 찼다. 마른 나무에서 꽃과 잎이 났으며, 동산에서는 단 과일이, 땅속에서는 보배가 솟아 나왔다. 해와 달과 별은 모두 서서 가지 않았고, 온갖 질병이 모두 나았다. 또한 나무의 신이 사람으로 나타나 머리 숙여 예배하기도 하였다. 천지에 드리운 광명을 보고 성으로 달려온 아시타 선인仙人은 태자를 보고 예언했다.

"집에 머문다면 전륜성왕轉輪聖王✤이 되어 천하를 바르게 다스릴 것이며,

✤**전륜성왕** 이 왕이 즉위할 때에는 하늘로서 내려온 보배로운 수레바퀴인 윤보輪寶를 얻고, 이 윤보를 굴리면서 사방을 위엄으로 굴복하게 하므로 전륜왕轉輪王이라 하기도 하고 공중으로 날아다니므로 비행황제飛行皇帝라고도 한다. 인도신화에서는 통치의 수레바퀴를 굴려 세계를 통일하고 지배하는 이상적인 제왕이다.

출가한다면 도道를 이루어 부처님이 될 것입니다."

탄생의 의미

부처님의 탄생에 관련한 신화적인 이야기는 부처님의 위대함을 종교문학적으로 장엄하게 엮은 것이다. 탄생게誕生偈는 생명의 존엄성과 중생을 구제하는 부처님의 삶을 선언한다. 탄생게를 다시 한 번 살펴보자.

"하늘 위나 하늘 아래에 내가 오직 존귀하도다. 이 세상이 온통 괴로우니 내가 마땅히 평안케 하리라."

나 홀로 존귀하다는 것은 독불장군을 의미하는 말이 아니라 나 자신의 주체적인 자존성을 강조한다. 바로 인간 스스로의 힘으로 최고의 깨달음에 이를 수 있다는 선언이다. 사람은 누구나 다 존귀하다. 각자의 마음속에는 완전한 인간으로서의 불성이 흐른다. 태자는 이러한 선언을 통해 각자 사람들이 지닌 고귀한 가치를 보여준다. 그러한 사람이 세상을 악의 무리에서 보호하여 평화롭게 만들며, 고통에서 평온케 한다.

부처님오신날 우리는 탄생불에게 향탕을 부으며 이러한 의미를 되새겨 보아야 한다. 그렇게 부처님 탄생의 가치를 생각함으로써 자신을 들여다 볼 줄 알아야 한다.

시중들고자 하는 천주를 마다하고 스스로 나오는 장면 역시 자신이 인생의 주인임을 일깨워준다.

평평해진 언덕, 깨끗해진 길은 편안하고 청정한 세상을, 마른 나무에 꽃이 핀다는 표현은 죽음의 존재가 생명을 회복한다는 의미로 이해할 수 있으며, 단 과일은 풍요로움을, 솟아나온 보배는 미처 모르던 귀한 가치가 비로소 드러남을 상징한다고 볼 수 있다. 해와 달이 멈추었다는 말도 부처님의 탄생이 시간의 한계, 즉 무상無常을 초월하게 하는 사건임을 웅변한다.

부처님은 중생을 깨닫게 하기 위하여, 고통받는 사람들을 위하여, 외롭고 곤궁한 사람들을 위하여 이 세상에 오셨다. 우리를 위해 오신 것이다.

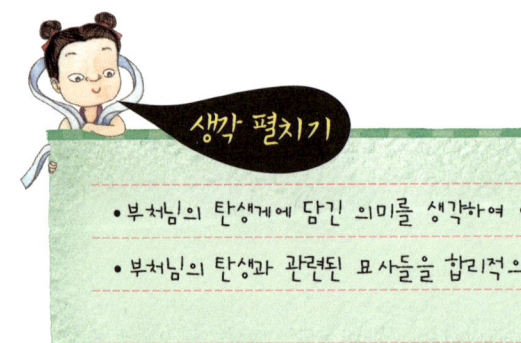

생각 펼치기

- 부처님의 탄생게에 담긴 의미를 생각하여 이야기해보자.
- 부처님의 탄생과 관련된 묘사들을 합리적으로 해석해 이야기해보자.

팔상도 八相圖

석가모니부처님의 생애를 여덟 장면으로 묘사한 것이다. 도솔천에서 내려오는 장면, 룸비니 동산에 탄생하는 장면, 동서남북 네 문에 나가 속세를 관찰하는 장면, 출가하는 장면, 수행하는 장면, 깨닫는 장면, 처음으로 포교하는 장면, 열반하는 장면으로 구성된다.

1. **도솔래의상** 兜率來儀相   도솔천을 떠나 흰 코끼리를 타고 이 세상에 오시다.
2. **비람강생상** 毘藍降生相   룸비니 동산에서 태어나시다.
3. **사문유관상** 四門遊觀相   성문 밖에서 병듦, 늙음, 죽음의 고뇌와 출가 수행자의 평온을 목격하시다.
4. **유성출가상** 踰城出家相   한밤중에 성을 떠나 출가하시다.
5. **설산수도상** 雪山修道相   출가 수행자로서 육 년 동안 수행에 전념하시다.
6. **수하항마상** 樹下降魔相   보리수 아래에서 마왕의 항복을 받고 위 없는 깨달음을 이루시다.
7. **녹원전법상** 鹿苑轉法相   사르나트 녹야원 에서 처음으로 다섯 명의 수행자에게 설법하시다.
8. **쌍림열반상** 雙林涅槃相   쿠시나가라 사라쌍수 아래서 열반에 드시다.

도솔래의상 도솔천을 떠나 흰 코끼리를 타고 이 세상에 오시다

비람강생상 룸비니 동산에서 태어나사다

사문유관상 성문 밖에서 병듦, 늙음, 죽음의 고뇌와 출가 수행자의 평온을 목격하시다

유성출가상 한밤중에 성을 떠나 출가하시다

설산수도상 출가 수행자로서 육 년 동안 수행에 전념하시다

수하항마상 보리수 아래에서 마왕의 항복을 받고 위 없는 깨달음을 이루시다

녹원전법상 녹야원에서 처음으로 다섯 명의 수행자에게 설법하시다

쌍림열반상 쿠시나가라 사라쌍수 아래서 열반에 드시다

출가하여 수행하시다

먼저는 어두우나 뒤에는 밝은 사람이 있고, 먼저는 밝으나 뒤에는 어두운 사람이 있으며,
먼저도 어둡고 뒤에도 어두운 사람이 있고, 먼저도 밝고 뒤에도 밝은 사람이 있다.
『증일아함경』

네 문을 돌아보다

마야 왕비는 출산 후 일주일 만에 세상을 떠났고 싯다르타 태자는 이모인 파자파티의 양육 아래 성장했다. 친어머니를 잃었지만 싯다르타 태자는 건강하고 풍족한 나날을 보냈다.

부처님은 출가하기 전 다음과 같이 태자 시절을 회상한 적이 있다.

"출가하기 전 나는 매우 행복했다. 궁중의 연못에는 아름다운 연꽃이 피어 있었고 최고급 옷감으로 만든 새 옷만을 입었다. 여름과 겨울, 장마철을 위한 세 개의 별궁도 있었다. 궁전에서 노래와 춤을 즐기며 시녀들의 시중을 받았고, 밖에 나갈 때는 시녀들이 하얀 일산을 받쳐주었다. 쌀밥과 기름진 반찬은 물론이요, 가장 맛있는 고기로 만든 요리는 언제나 나를 위한 것이었다."

그러나 싯다르타 태자는 호화로운 생활에 빠져 있지만은 않았다. 그에게는 인생의 전모를 통찰하는 지혜가 있었다. 부처님의 말씀은 계속 이어졌다.

"어리석은 범부는 스스로 병을 떠나지 못했으면서 다른 사람의 병을 보고는 미워하고 천하게 여겨 사랑하지 않는다. 나는 생각하였다. '나 자신이 병을 떠나지 못했으면서 남의 병을 보고 미워하고 천하게 여겨 사랑하지 않는다면, 나 또한 옳지 못하다' 이렇게 관찰한 뒤에는 병들지 않았다고 해서 일어나는 뽐내는 마음이 저절로 없어졌다. 또 어리석은 범부는 자기도 늙음을 떠나지 못했으면서 남의 늙음을 보고 미워하고 천하게 여겨 사랑하지 않는다. 나는 다시 생각하였다. '내 스스로 늙음을 떠나지 못했으면서 남의 늙음을 보고는 미워하고 천하게 여겨 사랑하지 않는다면, 이 또한 옳지 못하다' 이렇게 관찰한 뒤에는 젊다고 하여 뽐내는 마음도 저절로 없어졌다."

병듦과 늙음 그리고 죽음에 대한 싯다르타 태자의 자각과 번민은 사문유관을 계기로 심화된다. 동쪽 성문을 나가서 늙은 사람의 쇠락한 모습을 목격하고, 남쪽 성문 밖에서 병든 사람의 비참한 광경을 보고 탄식한 싯다르타 태자는 서쪽 성문 밖에서 마주친 장례 행렬을 정점으로 인생의 고통과 허무에 휩싸인다.

"나 또한 죽어야만 하는데 죽음이 아직 지나가지 않았을 뿐인가. 왕과 왕비 그리고 모든 친척이 나를 볼 수 없게 되는가. 나 또한 그들을 볼 수 없게 되는가."

북문을 나서서 본 출가 수행자의 단정하고 품위 있는 자태는 싯다르타 태자의 고뇌에 한줄기 희망의 빛을 던져주었다. 그러나 싯다르타 태자의 생활은 단번에 바뀌지 않았다. 싯다르타 태자에게는 야소다라라는 부인이 있었고 아들 라훌라도 태어났던 것이다. 부왕의 간곡한 만류도 쉽게 뿌리치기는 어려웠다.

위대한 출가

어느 날, 싯다르타 태자는 아름다운 여인들이 펼치는 연주와 가무를 보다가 잠이 들었다. 여인들도 잠시 후 쓰러져 잠들었다. 큰 방에는

유성출가상

향을 넣은 기름등만 빛나고 있었다. 잠에서 깨어난 싯다르타 태자는 침상에 앉아 잠든 여인들을 내려다보았다. 어떤 여인은 침을 줄줄 흘리며 자고 있었다. 이를 갈면서 자는 여인, 코를 골면서 자는 여인, 잠꼬대를 하는 여인, 입을 벌린 채 자는 여인도 있었다. 어지러운 그 모습에 싯다르타 태자는 환멸을 느꼈다. 화려하게 장식된 방은 묘지 같았고, 온 세상이 불타는 집과 다를 바 없어 보였다. '정말 싫구나, 답답

하구나' 는 말이 저절로 흘러나왔다. 아내의 처소로 가 고이 잠든 모자母子를 바라보던 싯다르타 태자는 마침내 출가를 단행한다. 그의 나이 29세였다.

싯다르타 태자의 출가는 현실에 대한 반항적인 충동으로 말미암은 것이 아니었다. 호화로운 일상이 따분해 저지른 일탈도 아니었다. 단순한 허무에 빠져 감정적으로 행한 일도, 왕위를 물려받아야 하는 중압감에서 도피하려는 이유 때문도 아니었다. 누구나 부딪칠 수밖에 없는 인생의 실상에 대한 통찰과 번민 그리고 그 고뇌를 극복하고자 하는 절실한 염원이 빚은 결과였다.

수행의 여정

성을 떠난 싯다르타 태자는 날이 밝을 무렵 어느 강가에 이르렀다. 여기서 그는 스스로 머리를 깎고 지나가는 사냥꾼과 옷을 바꾸어 입었다. 사문沙門✤ 생활이 시작된 것이다.

사문이 된 싯다르타는 당시 가장 명망이 높던 알라라 칼라마와 웃다카 라마풋타를 찾았다. 두 사람은 모두 수정주의자修定主義者✤였다. 그들은 정

✤**사문** 부지런히 모든 좋은 일을 닦고 나쁜 일을 일으키지 않는다는 뜻으로, 불문에 들어가서 도를 닦는 수행자를 이르는 말이다.

✤**수정주의** 선정주의禪定主義라고도 한다. 이것은 마음 집중으로 고요한 선정(평정한 삼매의 상태)에만 머물러 있는 것을 말한다. 이러한 집중을 통해 마음의 안정, 평화와 희열을 느낄 수 있다. 그러나 거기에만 머무른다면 사실을 있는 그대로 보는 지혜를 통찰할 수 없다. 당시의 수정주의는 지혜의 통찰까지 나아가지 못했다. 그리고 선정에서 나오면 다시 번뇌에 휩싸이기도 했다.

신의 통일로 괴로움이 사라진 해탈을 얻을 수 있다고 주장하였다. 싯다르타는 열심히 수행하여 그들이 인정하는 최고의 단계까지 이르렀으나 여전히 만족할 수 없었다. 정신통일의 상태가 끝나면 다시 전과 같은 상태로 돌아가기 때문이었다. 정신통일을 위한 노력을 끊임없이 되풀이해야만 하는 수정주의자의 길은 결코 자신이 원했던 해탈이 아니었다. 싯다르타는 다시 떠날 수밖에 없었다.

가야伽耶에 이르러 네란자라尼連禪河 근처의 숲에 들어간 싯다르타는 맹렬한 고행苦行을 시작했다. 고행은 육체를 괴롭혀야 정신의 자유를 얻는다는 사상에 입각한 수행법이다. 싯다르타는 고행 중에서도 가장 어렵다는 숨 쉬지 않는 고행과 먹지 않는 고행을 그 누구도 따라올 수 없을 정도로 극한까지 밀고 나갔다. 그러나 여섯 해에 걸친 고행 끝에 남은 것은 피폐해진 몸과 마음의 피로뿐이었다. 거기에도 안온한 열반은 없었다.

싯다르타는 자리에서 일어나 네란자라 강에 들어가 몸을 씻었다. 그리고 소를 몰고 지나가는 소녀 수자타에게 우유를 얻어 마셨다. 마침내 고행마저 버린 것이다. 고행을 버림으로써 사문 싯다르타는 당시의 모든 수행을 모두 버린 셈이었다. 그 수행들이 근거한 세계관과 인생관 역시 부정될 수밖에 없었다.

설산수도상

많은 종교적 주장이 횡행하던 시대에 부처님은 그들의 진리성을 몸소 확인하셨다. 그리고 그들의 한계와 모순을 발견하고는 과감히 버리셨다. 쏟아 부은 열정과 시간에 미련이 남아 머물렀다면, 사람들의 칭송과 평판에 집착해 떠나지 않았다면, 현재의 불교는 없었을 것이다. 그렇게 부처님께서는 기존의 제도와 사상에 안주하지 않고 진정한 영혼의 자유와 행복을 위해 앞으로 나아갔다.

"어떤 가르침을 신앙해야 하는가?"

갈등하고 방황하는 사람들에게도 부처님의 수행 역정은 커다란 의미로 다가온다. 부처님은 우리를 대신하여 종교적인 방황을 마친 분이라 말할 수 있다.

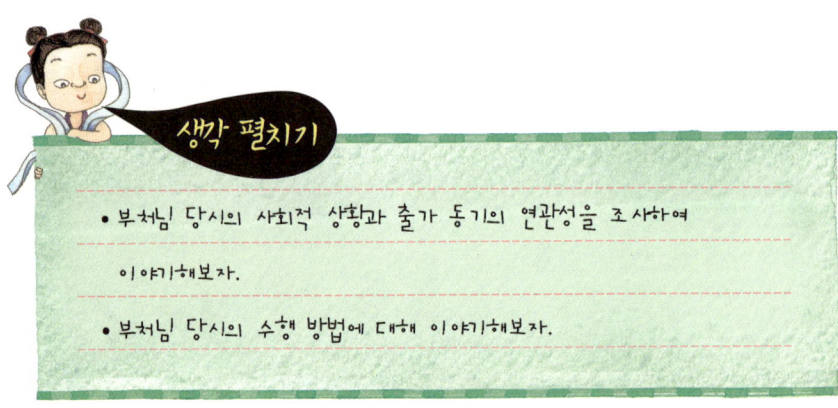

생각 펼치기

- 부처님 당시의 사회적 상황과 출가 동기의 연관성을 조사하여 이야기해보자.
- 부처님 당시의 수행 방법에 대해 이야기해보자.

깨달음을 이루시다

자신의 행복을 원하며 이웃도 그러하기를 원하는 자는 부처님의 가르침을 길이 기억하고 정법을 존경하지 않을 수 없다.

『중아함경』

완전한 깨달음에 이르시다

사문 싯다르타는 고행림을 떠났다. 그는 깨달음을 향한 다른 길이 있음을 확신했다. 그늘이 좋은 보리수나무가 보였다. 아래에는 앉기에 알맞은 반석도 있었다. 근처에 풀을 베는 사람이 있었다. 싯다르타는 부드럽고 깨끗한 풀을 한 아름 얻어 깔고 앉았다. 그러고는 결심했다.

"도道를 이루지 못하면 결코 이 자리에서 일어나지 않으리라."

사문 싯다르타는 깊은 성찰에 잠겨 모든 것이 연기緣起한다는 이치를 관찰하였다. 연기란, 모든 것은 그것이 형성될 수 있는 조건에 의해 발생한다는 것이다. 연기의 도리를 깊이 사유한 싯다르타는 생로병사의 근본 원인이 진리에 대한 무지, 곧 무명無明에서 일어남을 알았다. 그리하여 무명을 없앰으로써 괴로움을 완전히 소멸한 열반을 성취하였다. 더없이 높고 바르고 참된 완전한 깨달음, 즉 무상정등정각無上正等正覺을 이룬 것이다. 35세 되던 해 12월 8일 샛별이 반짝이는 새벽녘이었다. 핍팔라나무 아래에서 악마惡魔로 상징되는 번뇌를 완전히 제거하고 깨달음을 이루셨다.

깨달음의 의미

석가모니부처님의 깨달음을 단순한 지식의 획득으로 이해해서는 안 된다. 우리가 알고 있는 지식은 대부분 상대적이거나 불완전하다. 그 지식으로 설명할 수 없는 새로운 현상이 나타나면 언제라도 정정하거나 폐기

나는 일체의 승리자이며 일체의 아는 자[一切知]이다. 일체법에 물들지 않고 일체를 버렸으며, 갈애가 다하여 해탈하였다.

해야 한다. 완벽한 지식이라 해도 특정 영역에만 적용될 뿐이다. 부처님의 깨달음은 절대적인 진리에 대한 완전한 앎과 그 앎의 내면화를 완성한 상태이다. 따라서 시공을 초월해 변함이 없다. 앎과 실천의 불일치도 있을 수 없다. 어떤 일에 닥쳐서도 충만한 자신감으로 밝은 삶을 영위할 수 있다.

불사의 문을 열다

깨달음은 지적 내용이 결여된 마음의 평정 상태와도 다르다. 동서고금을 막론하고 어지러운 마음을 가라앉히고자 하는 숱한 명상법이 제시됐다. 그러나 무지 위에서 실행하는 명상은 흙탕물을 부어 흙탕물을 맑게 하려는 시도와 같다. 비록 시간이 지나 물결이 잔잔해져도 흙은 여전히 남아 있으며, 작은 돌멩이 하나로도 이내 어지러워진다. 오직 깨달음과 같이 자신과 세계에 대한 바른 이해에서 자연스럽게 발현되는 평안만이 걸림 없는 대자유를 누리게 한다.

깨달은 자는 아직 깨닫지 못한 자에게 깊은 연민을 일으킬 수밖에 없다. 자신의 문제는 온전히 해결되었지만 다른 사람은 여전히 깊은 고뇌에서 헤어나오지 못하기 때문이다. 자비심과 온유함으로 다른 사람에게 다가가게 된다.

그럼에도 불구하고 부처님은 설법을 주저하신 듯하다. 자신이 도달한 법은 깊어서 보기 어려운 것인데, 어둠의 뿌리에 뒤덮여 집착을 즐기는 사람들에게는 말해준다 해도 이해하지 못할 것이란 생각에서였다.

부처님의 설법은 범천 사함파티의 간청을 받아들여 성사되었다. 연못에 있는 색색의 연꽃들이 어떤 것은 물속에 잠겨 있고 어떤 것은 물에 떠있으며 또 어떤 것은 물 위에 솟아 있는 것처럼 사람들의 능력과 성향도 여럿일 수밖에 없다. 가르침을 들으면 알 수 있지만 듣지 못하면 쇠퇴해버릴 사람들도 있음을 살피신 까닭이었다.

마침내 부처님은 자리에서 일어나셨다. 그리고 온 세상을 향해 두려움 없이 말씀하셨다.

"이제 불사不死의 문을 열겠으니 귀 있는 자는 들으라. 낡은 믿음을 버리고."

망설임 끝에 설하신 소중한 가르침이다. 어렵게 만난 생명의 길이다. 귀 기울여 들어야 하지 않겠는가.

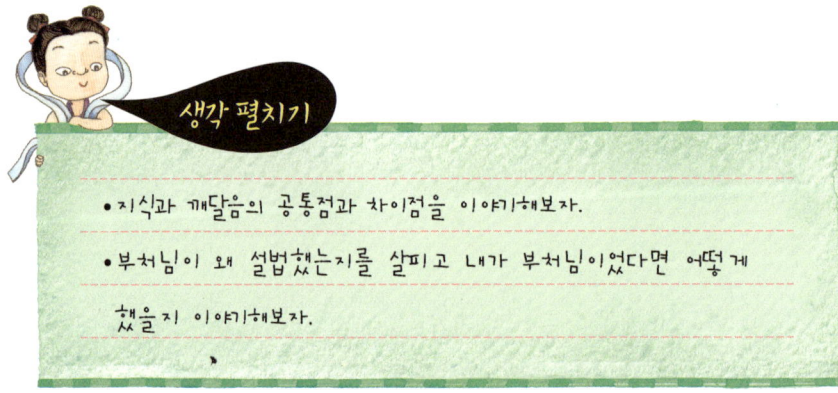

- 지식과 깨달음의 공통점과 차이점을 이야기해보자.
- 부처님이 왜 설법했는지를 살피고 내가 부처님이었다면 어떻게 했을지 이야기해보자.

지혜 BOX

경전에는 악마[惡魔] 파피야스[波旬]가 종종 등장한다. 파피야스는 수행자의 마음을 어지럽히거나 무너뜨리려는 존재이며, 설법을 방해하는 존재이다. 따라서 악마는 수행자나 부처님의 마음속에 일어나는 부정적 느낌이나 생각을 신화적으로 묘사한 것이라고 이해할 수도 있다.

악마에는 죽음이란 뜻이 있다. 따라서 수행자가 악마에게 핍박받음은 그가 수행의 길에서 장애를 만났음을 의미하며, 수하항마[樹下降魔]로 표현되는 부처님의 성도는 부처님이 죽음을 완전히 극복한 열반을 성취하였음을 상징한다.

팔상도 수하항마상 부분

열반에 드시다

내가 열반한 뒤에는 내가 가르친 법과 계율이 너희의 스승이 되리라.
『장아함경』

삼보의 성립

"콘단냐는 깨달았구나! 콘단냐는 깨달았구나!"

부처님은 바라나시의 사슴동산으로 가 다섯 명의 수행자를 대상으로 첫 가르침을 펴셨다. 그리고 얼마 지나지 않아 콘단냐를 필두로 그들 모두는 아라한阿羅漢❖에 도달했다. 부처님은 솟아오르는 기쁨에 위와 같이 말씀하셨고, 이후 콘단냐는 안냐콘단냐, 즉 깨달은 콘단냐로 불렸다. 이 초전법륜初轉法輪으로 말미암아 부처님의 내면에만 있던 깨달음은 비로소 세상에 출현하여 불교가 되었다. 불佛·법法·승僧 삼보三寶❖가 성립되었다.

❖**아라한** 부처님 시절 당시 최고의 이상적인 인물을 가리킨다. 그는 모든 번뇌를 끊은 자이며 진리와 합치된 자이고 모든 욕망에서 벗어난 자이다.

다른 종교는 신앙의 대상과 신자 사이에 결코 넘을 수 없는 거리를 둔다. 그리고 그 거리는 신앙으로 메워져야 한다고 주장한다. 그러나 신앙을 통한 신앙 대상의 체험은 극히 주관적이다. 다른 사람과의 합리적인 소통이 불가능하고, 심지어 전혀 다른 내용인 경우도 많다. 진위眞僞를 객관적으로 판별할 수 있는 방법이 없기에 독단獨斷과 회의에 수시로 빠져든다. 그에 반해 불교는 가르치는 자와 따르는 자, 신앙의 대상과 신앙하는 자가 동등해지는 유일한 종교이다. 그 과정 또한 모든 사람에게 열려 있다. 어둠 속에 있는 사람들에게 등불을 가지고 와서, '눈 있는 자는 보라'고 말씀하신 것과 같다. 다섯 비구에서 시작한 제자들의 잇따른 깨달음은 불교의 객관성과 보편성이 명백히 확립되었음을 증명한다.

녹원전법

전도 선언

이윽고 아라한이 육십 명에 이르자 부처님은 그들에게 전도의 길에 나서게 한다. 전도 선언에는 중생을 향한 부처님의 뜨거운 사랑과 제자에 대한 무한한 신뢰가 넘쳐흐른다.

✽삼보 불교를 구성하는 기본 요소 세 가지는 불·법·승이다. 불佛은 부처님을, 법法은 부처님의 가르침인 교섭·교법을, 승僧은 부처님의 가르침을 실천하는 스님을 가리킨다. 삼보는 불교도에게 있어서 가장 기본적인 신앙의 대상이다.

"나는 하늘과 인간의 모든 그물을 벗어났다. 비구들이여, 그대들도 천신과 인간의 모든 그물을 벗어났다. 비구들이여, 길을 떠나라. 여러 사람의 이익과 안락을 위하여, 세상을 연민하여, 인간과 천신의 이익과 행복과 안락을 위하여 길을 떠나라. 두 사람이 같은 길을 가지 마라.
비구들이여, 처음도 좋고 중간도 좋고 끝도 좋은, 의미와 문장을 갖춘 법을 설하라. 아주 원만하고 청정한 행을 드러내 보여라. 세상에는 마음에 먼지와 때가 적은 자도 있다. 그들이 법을 듣지 못한다면 쇠퇴할 것이지만, 법을 듣는다면 잘 알게 되리라. 비구들이여, 나도 법을 설하기 위해 우루벨라의 세나니가마 마을로 가리라."

부처님의 삶은 중생을 구제하기 위한 쉼 없는 여정이었다. 한 해에 석 달인 우기雨期를 제외하고는 인도 전역을 다니며 남녀노소 빈부귀천을 가리지 않고 사람들을 교화하셨다. 불을 섬겼던 카샤파 등과 가야산에 올랐을 때는 '모든 것이 불타고 있다'고 하시며 번뇌의 불에서 벗어나게 하였다. 총명한 샤리푸트라에게는 단 한마디의 법구法句만 전함으로써 스스로 진리에 눈뜨게 하셨다. 승원에서 쫓겨나 울고 있던 백치 출라판타카와 인분을 뒤집어쓴 채 쓰러져 있는 똥 지게꾼 니이다이의 손을 잡아 일으켜 성자의 자리에 세우셨다. 흉악한 연쇄 살인범 앙굴리마라도, 하나뿐인 아들을 잃고 비탄에 잠긴 키사고타미도 부처님을 만나 안식을 얻었다. 이루 헤아릴 수 없는 사람들이 불교에 귀의하여 자신의 가치를 회복하고 진리를 깨달았으며 행복을 누렸다.

제자들 또한 부처님의 뜻을 따라 불법의 전파에 헌신했다. 설법제일로 일컬어지는 푸르나존자의 수로나 전법은 그 대표적인 예이다.

물론 역경도 있었다. 불교의 확산을 시기한 이교도들은 순다리라는 여성을 죽여 부처님과 제자들을 모함하였고, 마하목갈라나를 폭행하여 목숨을 빼앗았다. 데바닷타는 부처님을 죽이려 세 번이나 시도했다. 교단의 통솔권을 차지하지 못하자 앙심을 품었던 것이다. 부처님의 중재조차 거부하고 싸움을 계속한 코삼비의 비구들로 인해 승단의 위신이 추락한 적도 있었다. 그러나 어떠한 장애라도 부처님의 걸음을 멈추게 할 수는 없었다.

열반에 들다

45년을 한결같이 중생 구제에 바쳐 온 부처님은 나이 여든에 이르러 쿠시나가라의 두 그루의 살라나무 아래 몸을 눕히셨다. 그러고는 열반을 예고하셨다.

이난다는 부처님이 곧 입멸하신다는 소식을 듣고 찾아온 늙은 수행자 수바드라를 막을 수밖에 없었다. 그가 진정으로 가르침을 듣고 싶어 하는 것을 알았지만, 시자로서 지금은 때가 아니라고 생각한 것이다. 그런 아난다에게 부처님의 음성이 들려 왔다.

"나는 세상 사람들을 이롭게 하려고 태어났다. 아난다여, 그 사람을 막지 말라."

그렇게 수바드라는 부처님의 눈으로 본 마지막 제자가 되었다.

부처님은 비구들에게 질문을 권했으나 아무도 말하는 사람이 없었다. 모두가 진리의 길에 들어 흔들림이 없었던 것이다. 스승과 헤어지는 슬픔을 참지 못한 제자들의 흐느낌만이 간간이 숲 속을 울릴 뿐이었다.

이윽고 부처님은 할 일을 다 한 자로서의 평안 속에 고요히 열반에 드셨다.

"모든 것은 사라진다. 게으르지 말고 정진하라."

생각 펼치기

- 불교에서 전도가 차지하는 비중과 바람직한 전도의 방법에 대해 이야기해보자.
- 부처님의 삶이 다른 종교의 교조보다 훨씬 훌륭한 점을 이야기해보자.

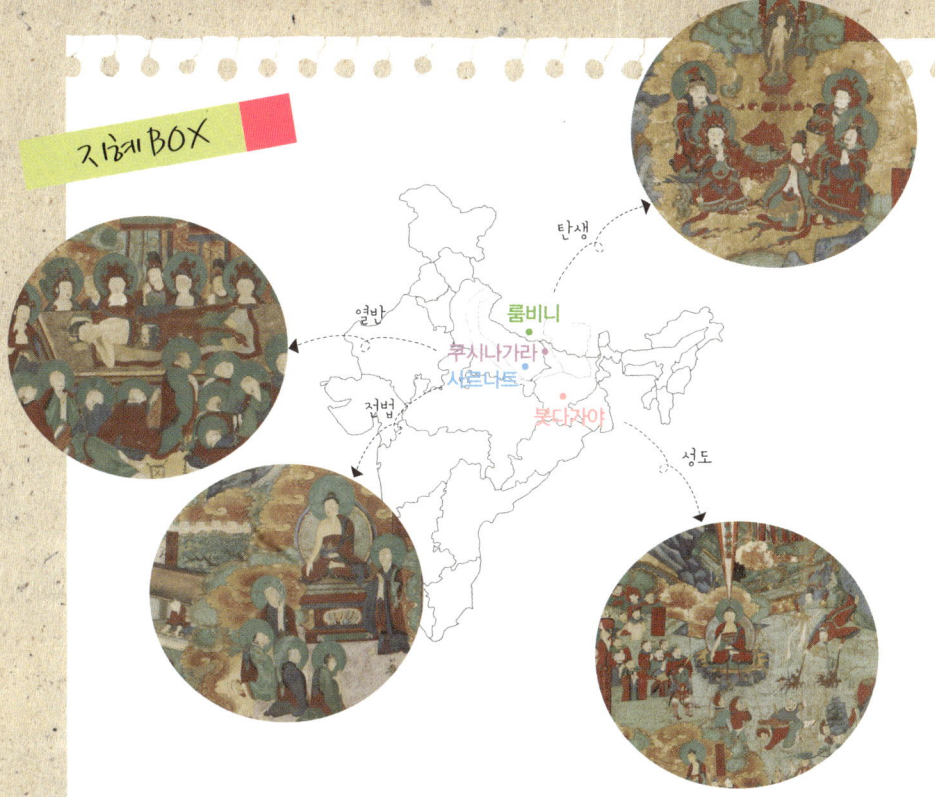

부처님 사대성지

부처님의 탄생, 성도, 전법, 열반의 의미를 일깨워 주는 성지로 불자들의 향수를 자극한다. 부처님이 탄생하신 룸비니는 현재 네팔에 위치해 있다.

부처님이 성도하신 곳인 붓다가야는 원래 지명이 보드가야였으나 부처님이 성도해 붓다가야로 지명이 바뀌었다.

부처님이 최초로 전법을 하신 곳은 사르나트 녹야원인데, 이곳에서 다섯 비구에게 최초로 설법하였다. 사르나트에는 부처님의 전법을 기리는 초전법륜상이 있다.

부처님이 열반에 드신 곳은 쿠시나가라이다.

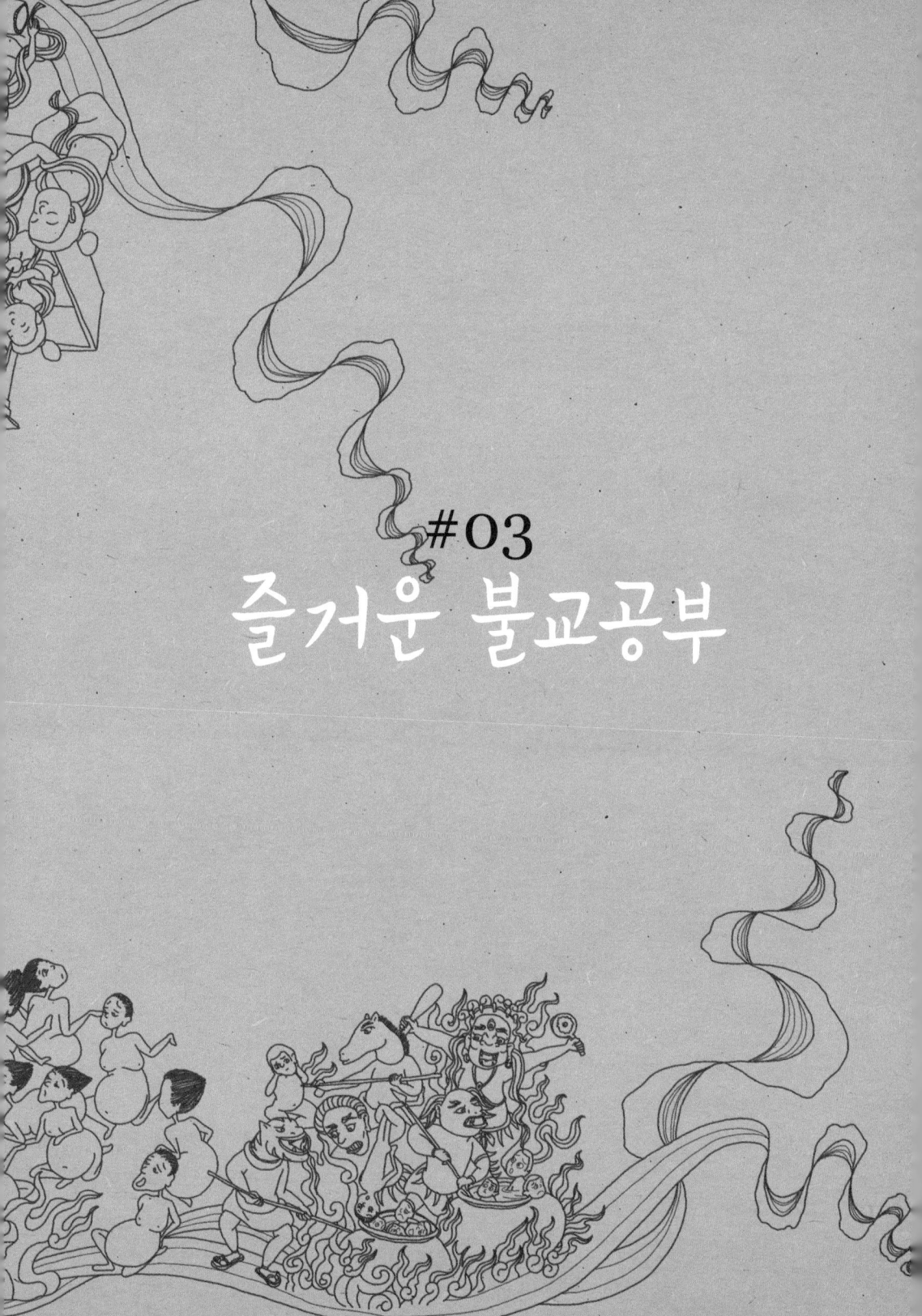

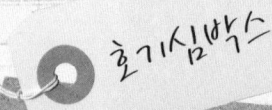

- ★ 인생과 세계에 대해 진지하게 생각해보고 불교의 중심 교리인 사성제, 삼학, 연기, 육바라밀 등을 알아보자.
- ★ 무엇이 나를 고통스럽게 하는지 생각해보고 그 고통의 원인이 어디에 있는지 밝혀보자.
- ★ 부처님 가르침에 따라서 어떻게 하면 행복해질 수 있는지 서로 토론해보고 각자의 행복론을 이야기해보자.

평안으로 향한 길

탐욕을 초월하여 마음의 해탈을 스스로 체득하고 무명을 초월한 지혜의 해탈을 체득하면
애욕의 묶임과 번뇌의 매듭을 끊는 것이니 마침내 고통의 끝을 보리라.

『잡아함경』

네 가지 성스러운 진리

부처님 제자 가운데 뛰어난 지혜로 부처님의 가르침을 가장 잘 이해하고, 가장 잘 설명했던 존자 사리불은 중아함 『상적유경象跡喩經』에서 여러 비구에게 다음과 같이 말했다.

"여러 현자여, 네 가지 성스러운 진리[四聖諦 사성제]가 모든 법 가운데 제일입니다. 왜냐하면 한량없는 훌륭한 법들이 있지만 그 모든 법은 다 네 가지 성스러운 진리에 포섭되기 때문입니다. 마치 온갖 짐승의 발자국 가운데 코끼리의 발자국이 가장 큰 것과 같습니다. 어떤 짐승의 발자국도 코끼리 발자국 속에 들어가지 않는 것은 없습니다. 그럼 네 가지 성스러운 진리란 무엇인가? 바로 괴로움에 대한 성스러운 진리[苦聖諦 고성제], 괴로움의 발생에 대한 성스러운 진리[集聖諦 집성제], 괴로움의 소멸에 대한 성스러운 진리[滅聖諦 멸성제], 괴로움의 소멸에

이르는 길에 대한 성스러운 진리[道聖諦도성제]가 그것입니다."

부처님의 가르침을 경經, sūtra이라 한다. 경이란 낱말은 줄線을 뜻한다. 무질서하게 흩어진 꽃들을 아름다운 꽃다발로 변화시키는 실, 뒤틀리고 굽은 나무를 훌륭한 건축물로 변화시키는 먹줄, 넓게 펼쳤다 다시 한 손아귀로 거둬들이는 그물의 축과 같은 것이 부처님의 말씀이다. 꽃다발의 수많은 꽃잎은 각각의 빛깔과 향기를 지닌다. 하지만 그것을 낱낱의 꽃잎보다 더욱 아름다운 꽃다발이게 하는 것은 그들을 관통하는 하나의 실이다.

고통에서 평온으로

부처님은 왜 궁중의 화려한 생활과 왕위를 버리고 수행자의 길을 택했을까? 인도와 아시아를 비롯한 드넓은 대륙의 수많은 사람은 왜 2,500년이 넘는 긴 세월 동안 부처님의 가르침을 배우고 따르며 또 후대에 전했을까? 이유는 한 가지인데, 고통을 벗어나기 위해서이다.

만일 나날의 삶이 행복으로 충만하다면 부처님의 가르침을 배울 이유가 없다. 하지만 그렇지 못하다. 사소하게는 부모님이나 선생님의 꾸중, 친구와의 작은 말다툼에도 심한 괴로움을 느끼는 나약한 존재가 바로 우리 자신이다. 늦은 밤 어두운 골목길에서 달려드는 고양이처럼, 불쾌한 일은 곳곳에 도사렸다가 불현듯 찾아와 몸과 마음에 상처를 남긴다. 이런 불쾌하고, 만족스럽지 못하고, 괴롭고, 힘들고, 원치 않는 일에서 벗어날 방법은 없을까? 부처님의 가르침만이 고통에서 벗어나는 방법이다.

고통에서 벗어나려면 먼저 고통을 자각해야 한다. 괴롭다면, 나는 어떤 경우에 괴로움을 느끼고, 얼마만큼 괴로운지 스스로 살펴야 한다.

자동차를 운전하는 사람이 자동차에 이상이 있음을 느끼고도 방치한다면 어떻게 될까? 또 너무 둔감해 이상을 감지하지 못한다면 어떻게 될까? 시간이 지나면 지날수록 자동차는 더욱 심하게 망가질 것이고, 자칫하면 사고로 이어져 생명을 위협할 수도 있다. 우리 자신도 마찬가지다. 괴로움을 느끼고 있다면 더 큰 문제를 초래하기 전에 그 고통에 주목해야 한다. 이것이 괴로움에 대한 성스러운 진리다.

자동차는 아무 까닭 없이 고장 나지 않는다. 반드시 까닭이 있다. 괴로움도 마찬가지다. 반드시 원인이 있다. 능숙한 기능공은 자동차를 구성하고 있는 수많은 부품 가운데 어디에서 어떻게 이상이 발생했는지 정확히 찾아낸다. 정비소를 찾아온 자동차를 살피는 능숙한 기능공의 손길처럼 우리는 자신의 고통이 어떻게 발생했는지 그 과정을 면밀히 관찰하고 파악해야 한다. 문제를 정확히 파악하지 못하면 해답이란 있을 수 없다. 이것이 괴로움의 발생에 대한 성스러운 진리이다.

고장 난 자동차는 고칠 수 없을까? 그렇지 않다. 원인을 정확히 파악하고 제대로 수리한다면 자동차는 예전과 다름 없이 부드럽게 도로 위를 달릴 수 있다. 우리 자신도

즐거운 불교공부

마찬가지다. 우울함, 슬픔, 불쾌감, 혼란스러움, 분노, 두려움 등 갖가지 고통은 제거할 수 없는가? 그렇지 않다. 그 원인을 정확히 파악하고 스스로 제대로 변화시킨다면 평온하고 행복한 순간순간을 영위할 수 있다. 이것이 괴로움의 소멸에 대한 성스러운 진리이다.

자동차의 어디에 이상이 있는지 알고, 고칠 수 있다는 걸 알았다면 다음에는 어떻게 해야 할까? 알맞은 부품을 찾아 능숙한 기능공의 손을 빌려 고쳐야만 한다. 고통을 초래한 원인을 발견하고 그 해결 방법까지 알아냈다 해도 고통은 사라지지 않는다. 아무리 능숙한 기술자도 머리만으로 자동차를 고칠 순 없다. 반드시 기름과 땀이 범벅되어 자동차와 한바탕 씨름을 해야만 한다.

부처님께서는 스스로 고통을 벗어나시고, 당신이 걸은 그 길을 우리에게도 일러주셨다. 하지만 그 길을 직접 걷고 걷지 않는 것은 우리의 몫이다. 이것이 괴로움의 소멸에 이르는 길에 대한 성스러운 진리이다.

- 부처님께서 설명하신 괴로움의 종류를 조사해보자.
- 괴롭다고 느낀 구체적인 사례를 이야기해보자.
- 바른말과 바르지 못한 말, 바른 행동과 바르지 못한 행동, 바른 생활과 바르지 못한 생활의 구체적인 예를 이야기해보자.

평안에 이르는 여덟 가지 바른길 팔정도 八正道

1. **정견**正見 바른 견해. 모든 물질적 정신적 현상을 부처님의 가르침에 따라 본다.
2. **정사유**正思惟 바른 사유. 탐욕, 분노, 어리석음이 고통의 원인이라는 것을 세밀히 사유한다.
3. **정어**正語 바른 말. 생각을 표현할 때는 정직하고 부드러운 말을 사용한다.
4. **정업**正業 바른 행동. 폭력을 사용하지 않고 자신과 남에게 이로운 행동을 한다.
5. **정명**正命 바른 생활. 스스로 정당하다고 여기고, 또한 사회에도 유익한 직업을 가진다.
6. **정정진**正精進 바른 정진. 좋은 결과를 가져오는 일에 물러서지 않고 열심히 노력한다.
7. **정념**正念 바른 마음 챙김. 몸과 마음의 움직임에 대해 마음을 다해 깨어 있는 것이다.
8. **정정**正定 바른 선정. 정신 집중을 통해 평온하고 부드럽고 안정된 심리 상태를 유지한다.

몸과 마음을 다스리는 길

> 분노를 버리고 교만을 떠나 모든 애착과 탐욕에서 벗어나라.
> 그 무엇도 그 누구도 집착하지 않으면 고요하고 편안하며 괴로움 사라지리라.
> 『법구경』

세 가지 독소

무엇 때문에 괴로울까? 이 질문에 대부분 '어떤 일' 때문에, 어떤 일을 야기한 '누구' 또는 '무엇' 때문에 괴롭다고 대답한다. 그래서 그 어떤 일과 누구와 무엇이 내가 원하는 대로 변화하면 그로 인해 발생한 괴로움은 해결되리라 생각한다. 하지만 부처님께선 달리 말씀하셨다.

어떤 일과 누구와 무엇은 때때로 내가 원하는 대로 바뀔 수도 있다. 하지만 많은 경우 그 바람은 희망사항으로 그치고 만다. 세상은 내가 원하는 방향으로 움직일 때보다 원치 않는 방향으로 움직일 때가 훨씬 많다. 따라서 바깥의 누군가를 변화시키고 무엇을 변화시켜 고통을 해결하려고 시도하는 사람에게는 고통이 해소된 평온함과 기쁨이 쉽게 찾아들지 않는다. 그러면 부처님께선 고통의 원인을 무엇이라고 말씀하셨을까?

부처님께서는 우리의 경험계經驗界를 여섯 종류로 분류하셨다. 우리가 경험한 내용은 눈으로 보고, 귀로 듣고, 코로 냄새 맡고, 혀로 맛보고, 피부로 느끼고, 머리로 생각한 것이다. 여기에서 벗어나는 경험의 세계란 없다. 그럼 어디에서 문제가 발생하는 것일까?

세밀히 돌이켜 관찰하지 못한 우리는 이 여섯 종류의 경험에 일정한 주체가 있는 것처럼 생각한다. 즉 '나의 체험'으로 인지한다. 따라서 나의 눈[眼]이 바깥의 빛깔[色]을 보고, 나의 귀[耳]가 바깥의 소리[聲]를 듣고, 나의 코[鼻]가 바깥의 향기[香]를 맡고, 나의 혀[舌]가 바깥의 맛[味]을 맛보고, 나의 피부[身]가 바깥의 촉감[觸]을 느끼고, 나의 의식[意]이 바깥의 존재[法]를 인식한다고 생각한다.

하지만 면밀히 관찰해보면 주관으로 여겨지는 눈·귀·코·혀·피부·의식에는 일정한 영속성을 가진 '나'가 없고 또한 '나의 것'도 아니다. 객관으로 여겨지는 빛깔·소리·냄새·맛·촉감·존재 역시 마찬가지다. 끊임없이 변화하는 바깥 대상에 고정불변한 실체란 없다. 헌데 우리는 특정한 경험의 주체가 있어서 바깥에 존재하는 대상을 인지하는 것으로 오인한다. 이것을 부처님께서는 어리석음[癡]이라고 말씀하시고, 근본적인 고통의 원인이라고 하셨다.

갖가지 경험을 나의 체험으로 여기는 우리는 마음에 드는 경험에 대해선 '즐겁다'고 느끼고, 다시 경험하고 싶은 욕구를 가진다. 즉 아름다운 친구는 또 보고 싶고, 감미로운 음악은 또 듣고 싶고, 달콤한 꽃향기는 또 맡고 싶고, 맛있는 음식은 또 먹고 싶고, 부드러운 촉감은 또 만지고 싶고, 마음에 드는 생각은 자꾸 하고 싶다. 하지만 내 뜻대로 세상이 움직이지 않는다. 결국 채워지지 않는 갈망의 빈자리에 찾아드는 것은 괴로움이다.

모든 것이 순간의 경험일 뿐이라는 사실을 망각하고 나를 만족하게 할 바깥의 대상을 찾아 헤매는 모습은 아지랑이 물결을 향해 달리는 목마른 사슴의 모습과 비슷하다. 이것을 부처님께서는 탐욕[貪]이라 말씀하시고, 고통의 원인이라 하셨다.

또 갖가지 경험을 나의 체험으로 여기며, 마음에 들지 않는 경험에 대해선 '괴롭다'고 느끼고, 다시는 경험하고 싶지 않다. 즉 기분 나쁜 사람은 다시 보고 싶지 않고, 욕하고 꾸짖는 소리는 다시 듣고 싶지 않고, 역겨운 악취는 다시 맡고 싶지 않고, 맛이 없는 음식은 다시 먹고 싶지 않고, 날카로운 가시는 다시 찔리고 싶지 않고, 불쾌한 생각은 다시 하고 싶지 않다. 하지만 내 뜻대로 세상이 움직이지 않는다. 피하고 싶은 일은 늘 한발 앞에서 나를 기다리고 있기 마련이다. 모든 것이 순간의 경험일 뿐이라는 사실을 망각한 상황에서 나에게 괴로움을 주고 나를 불쾌하게 한 '그 사람' 또는 '그것'에게 화를 내기 마련이다.

이것을 부처님께서는 분노[瞋]라고 말씀하시고, 고통의 원인이라고 하셨다. 나를 불쾌하게 하는 그것은 그림자와 비슷하다. 햇볕 아래 서면 그림자는 생기기 마련이다. 그런 그림자가 마음에 들지 않는다고 피하려 하거나, 아무리 달려도 떨어지지 않는다고 그림자에게 화를 내는 사람이 있다면 과연 그를 현명한 사람이라 할 수 있을까.

이처럼 괴로움의 원인은 그 누구이거나 그 무엇이 아니다. 경험을 나의 체험으로 인지하는 어리석음, 마음에 드는 대상에 대한 탐욕, 마음에 들지 않는 대상에 대한 분노가 괴로움의 원인이다. 이 세 가지는 독약처럼 사람을 병들게 하고 고통스럽게 한다고 하여 이를 삼독三毒이라 한다.

마음을 치유하는 세 가지 공부

삼독을 치료하려면 어떻게 해야 할까? 먼저 고통의 원인인 탐욕과 분노를 제어할 줄 알아야 한다. 지나친 욕심의 결과가 고통임을 인정한다면 욕심이 생길 때 스스로 돌이켜 자신을 제어할 수 있어야 한다. 마음에 들지 않는 대상에게 퍼붓는 분노의 결과가 고통임을 인정한다면 화가 치밀 때 스스로 돌이켜 자신을 제어할 수 있어야 한다.

마차를 끄는 말을 달리고 싶은 대로 내버려둔다면 어떻게 될까? 마차는 얼마 가지 못해 뒤집히고 말 것이다. 훌륭한 마부라면 경로를 벗어난 말에게 따끔한 채찍질을 가할 것이다.

나 자신을 다스림에 있어서도 마찬가지다. 하고 싶은 대로 행동하기보다는 좋은 결과를 가져다주는 방향으로 생각하고 행동하는 습관을 길러야 한다. 이것이 계율[戒]이다.

밖으로 드러나는 말과 행동을 조절한다고 마음속 탐욕과 분노까지 조절할 수 있는

것은 아니다. 표현하지 않더라도 마음속 탐욕과 분노는 돌로 눌러놓은 풀처럼 언제든 싹을 틔울 준비를 한다.

그렇다면 마음속에 들어앉은 탐욕과 분노는 어떻게 다스려야 할까? 보고 싶어서, 듣고 싶어서, 향기가 그리워서, 먹고 싶어서, 만지고 싶어서, 생각나서 미칠 것만 같을 때는 어떻게 해야 할까?

먼저 몸의 산만한 움직임을 멈추고, 바른 자세로 앉아 호흡을 고르게 가다듬고, 내 마음속에서 일어나는 것을 가만히 들여다본다. 그러면 냄비의 물처럼 열기를 뿜으며 들끓던 마음은 거짓말처럼 맑고 투명하게 가라앉는다. 그때 파랑이 그친 호수에 비친 달처럼 마음에서 일어나는 일들은 조금의 일그러짐도 없이 그대로 그 모습을 드러낸다. 이것이 선정[定]이다.

몸과 마음이 안정된 상태에서 부처님의 가르침에 따라 나의 몸과 마음을 돌이켜 관찰해야 한다. 그렇게 깊고 세밀한 관찰이 이루어졌을 때 우리는 까닭 없는 욕심과 분노로 자신과 남을 괴롭혀왔음을 발견하게 되고, 그 밑바탕엔 있지도 않은 나와 그것에 대한 집착이 도사리고 있었음을 발견하게 된다. 이것이 지혜[慧]다.

부처님께서는 나와 남을 고통 속에 가두는 삼독의 그물을 벗어나려면 계율과 선정과 지혜를 부지런히 배우고 익혀야 한다고 말씀하셨다. 이것을 삼학三學이라 한다. 하늘이 부여한 재주를 타고난 사람이 아닌 이상 배움을 통하지 않고 보다 나은 삶을 개척할 수 있는 사람은 없다. 평온하고 행복한 삶을 구현하려면 끊임없이 배우고 노력해야 한다.

생각 펼치기

- 내가 생각하는 고통의 원인과 부처님께서 말씀하신 고통의 원인은 어떤 차이점이 있는지 생각해보자.
- 불제자가 지켜야 할 계에 대해 조사해보자.
- 욕심과 분노를 극복했던 경험을 이야기해보자.

지혜 BOX

문수동자의 게송

성 안내는 그 얼굴이 참다운 공양구요

부드러운 말 한마디 미묘한 향이로다.

깨끗하고 티 없는 진실한 그 마음이

언제나 한결같은 부처님 마음일세.

세계는 어떻게 생겨나 움직이는가?

이것이 있으므로 저것이 있고, 이것이 일어나므로 저것이 일어난다.
이것이 없으므로 저것이 없고, 이것이 사라지므로 저것도 사라진다.
『잡아함경』

세계는 어떻게 생겨난 것일까

이 세계는 어떻게 생겼을까? 인류는 이 물음에 다양한 답변을 제시했다. 그중 대표적인 것이 창조론이다. 다양한 특성이 있는 다양한 존재를 '누군가'가 만들어냈다고 생각한 것이다. 그렇다면 세계를 창조한 '그'는 누구인가? 환인, 옥황상제, 야훼, 여호와, 알라, 브라흐마, 아후라마즈다, 제우스, 대자재천 등 긴 역사 속에서 인종과 문화의 다양함만큼이나 많은 이름으로 그의 이름을 불러왔다. 또한 존재 간의 관계, 즉 세계의 운용 역시 모든 것을 창조하고, 모든 것을 지배하는 힘을 가진 그에 의해 좌지우지된다고 생각했다.

부처님께서는 어떻게 말씀하셨을까? 불교에서는 경험계를 떠난 독자적 존재를 설정하지 않는다. 불교에서 이야기하는 세계는 경험되어진 세계이다. 세계, 즉 우리의 경험계는 수많은 존재의 다양한 관계로 구성된다. 우리는 지속하지 않는, 즉 시간적 연속성이 없는 특성들의 무질서한 집합

은 존재로 인식하지 않는다. 무엇이라고 이름을 부여하는 '그것'은 일정 시간 동안 지속 가능한 특성을 유지한다고 여겨지는 것들이다. 이를 불교에서는 법法이라 한다. 따라서 불교에서 이야기하는 세계는 일정 시간 동안 그 특성을 유지하는 법들의 다양한 관계를 의미한다.

그렇다면 존재, 즉 법은 어떻게 생겨났을까? 우리가 이름을 부여하는 그것을 관찰해보면 모두 생멸하고 변화한다는 것을 알 수 있다. 즉 존재를 규정하는 어떤 특성도 항시적으로 유지되는 것은 없다. 그 특성들은 생성되어[成] 유지되다가[住] 파괴의 과정을 거쳐[壞] 소멸한다[空].

창조론을 주장하는 이들은 시간적으로 유한하고 공간적으로 제한된 나약하고 불안한 존재들이 시공간적으로 제약이 없는 창조주에 의해 생성되었다고 주장한다. 그러나 불교에서는 그렇게 설명하지 않는다. 모든 법, 즉 모든 존재는 원인에 따른 필연적 결과로 이해한다. 존재를 규정짓는 특성은 직접적인 원인[因]과 그에 수반된 다양한 조건[緣]의 결합으로 형성된다. 이를 인연생기법因緣生起法이라 하고, 줄여서 연기법緣起法이라 한다.

인연이란

한 알의 사과가 앞에 있다고 가정해보자. 내 눈앞에 있는 이 사과는 어디에서 왔을까? 경험을 통해 우리는 그 사과가 사과나무에서 왔음을 알고, 그 사과나무는 한 개의 씨앗에서 싹이 났음을 알고 있다. 그럼 그 씨앗은 어디에서 왔을까? 다시 그 이전의 사과나무에서 왔을 것이고, 그 사과나무는 또 그 이전의 씨앗에서 싹이 텄을 것이다. 이렇게 끝없이 과거로 환

원시켰을 때 태초의 씨앗은 어디에서 왔을까? 창조론을 주장하는 이들은 '그분이 창조하셨다'고 쉽게 답할 것이다.

불교는 그렇게 설명하지 않는다. 앞의 이야기에 등장한 사과 씨앗, 사과나무, 사과 열매 세 존재를 가지고 설명해보자. 이 세 가지는 서로 긴밀한 관계에 놓여 있다. 사과 열매는 사과나무에 맺히지 배나무에 맺히지 않는다. 또한 사과나무는 사과 씨앗에서 싹트지 볍씨에서 싹트지 않는다. 이처럼 세 존재는 우연히 있는 것이 아니라 다른 어떤 존재와 긴밀한 연관성을 가지고 시간 배열의 연속선에 있다. 이런 긴밀한 연관성을 인과因果 관계라 한다.

사과 열매가 결과[果]라면 그 원인[因]은 사과나무이고, 사과나무가 결과라면 그 원인은 사과 씨앗이다. 그럼 사과 씨앗만 있으면 사과나무라는 결과가 도출되는가? 그렇지 않다. 사과 씨앗이 싹이 터 사과나무가 되기까지는 많은 조건이 필요하다. 물, 공기, 햇빛, 자양분 등 금방 떠올릴 수 있는 조건들 외에도 뿌리를 내리고 가지를 뻗을 수 있는 공간, 성장하기까지의 시간 등 특정한 모양과 특성이 있는 사과나무로 자라기까지 우리가 생각하는 것 이상의 이루 헤아릴 수 없는 여러 조건이 영향을 미친다. 찬찬히 관찰해보면 잎사귀를 흔들며 무심히 스쳐가는 바람 한 줌까지도 사과나무에 영향을 미치고 있음을 발견할 수 있다. 이것을 연緣이라 한다. 엄밀한 의미에서 연의 범위를 규정한다면 그 존재 이외의 모든 것은 연으로 작용한다고 볼 수 있다.

그럼 사과 열매는 어떻게 생겨난 것인가? 직접적 원인이 되는 사과나무와

그에 수반되어 사과 열매가 있기까지 영향을 미친 모든 조건의 결합으로 형성된 것이다. 창조주가 만든 것도 아니고, 우연히 있게 된 것도 아니다. 한 알의 붉은 사과는 온 우주가 동참해 빚어낸 정교한 보석이다. 이 과정에서 놀랍게도 '그 무엇'은 온 우주로부터 영향을 받고 있으며, 또 '그 무엇'은 온 우주에 영향을 미치고 있음을 발견할 수 있다.

이처럼 일정한 특성을 가진 존재는 인과 연이 되는 다른 존재들에 의해 형성된다. 여기에서 주목해야 할 점은 결과인 사과 열매의 특성이 생성되어 유지되다가 파괴의 과정을 거쳐 소멸하듯이 그 인과 연의 특성 또한 생성되어 유지되다가 파괴의 과정을 거쳐 소멸한다는 것이다. 원인과 조건과 결과 어디에서도 항시적으로 유지되는 특성은 발견할 수 없다. 따라서 영원한 존재, 즉 실체란 없다고 할 수 있다. 그렇다고 유한한 존재, 유한한 특성까지 부정하는 것은 아니다. 실체가 없음에도 우리가 존재로 파악하는 그것들은 일정 시간 동안 그 특성을 유지하며 끊임없이 다른 존재에게 영향을 미치고, 다른 존재를 형성한다. 또한 상호간에 미치는 영향에는 일정한 규칙을 가진다.

모든 것은 순간순간 변한다
혹자는 '실체가 없다'는 말과 '존재하지 않는다'는 말을 동격으로 이해하고 '실체가 없다면 곧 존재하지 않는 것인데 어떻게 원인이 되고 조건이 되고 결과가 될 수 있는가?'라고 의문을 제기하기도 한다. 이는 사고의 기반을

이루는 언어의 결함을 살피지 못한 데서 발생하는 오류다. 언어는 특성상 항시성恒時性을 가진다. 하지만 그 언어의 대상엔 항시성이 없다.

예를 들면 사과나무에 매달린 사과를 일주일 동안 관찰해보자. 우리는 매일같이 그것을 사과라고 부를 것이다. 하지만 일주일 동안 사과라는 똑같은 이름으로 부른 그것은 일주일 동안 똑같지가 않다. 어제보다 조금 더 커지고, 푸른빛이 가시고 붉은빛이 돌며, 때론 벌레가 파먹기도 하는 등 순간순간 끊임없이 차이를 드러낼 것이다. 보다 세밀히 관찰한다면 일주일 동안 변함없이 '똑같이 유지된 그것'은 없다. 즉 실체가 없다. 그렇다고 거기에 '끊임없이 변화하는 사과'가 없는 것은 아니다. 이처럼 끊임없이 변화하는 그것에 우리는 늘 같은 이름을 붙인다. 이런 사실을 망각하고 언어에만 의존하면 '늘 같은 이름'에 해당하는 '늘 같은 그것'이 있는 것으로 오인할 수 있다.

세계를 구성하는 존재 중 가장 중요한 '나'도 마찬가지다. 부처님께서는 인간, 즉 나를 구성하는 여러 특성을 육체, 감정, 생각, 의지, 식별의 다섯 부류로 정리하셨다. 이를 오온설五蘊說이라 한다.

현재 내 육체는 어머니의 뱃속에서부터 있었던 것이 아니다. 무엇을 좋아하고 무엇을 싫어하는 현재의 내 감정 역시 마찬가지다. 이와 마찬가지로 내가 가진 생각, 내가 원하고 원하지 않는 것, 내 기억과 판단과 추리는 모두 긴 시간 동안 수없이 많은 원인과 조건에 의해 형성되었다. 그 무엇도 어머니의 뱃속에서부터 고스란히 가지고 나온 것은 없다. 또한 나를 이루는 이러한 특성은 고정되지 않고 끊임없이 생성되어 유지되다가 파괴의 과정을 거쳐 소멸한다.

현재의 나는 어떻게 생겨났을까?
창조주가 있게 한 것도 아니고, 우연히 있게 된 것도 아니다. 아버지와 어머니의 사랑이라는 씨앗을 온 우주가 정성 들여 키운 한 그루의 사과나무이다. 시선을 집중하고 세밀히 관찰할 때, 우리는 놀랍게도 '현재의 나'가 온 우주의 영향을 받으며 또 '현재의 나'가 온 우주에 영향을 미치고 있음을 발견할 수 있다.

- 존재의 특성에 대해 생각해보자.
- 현재 '나'라는 존재의 특성을 오온으로 분류하여 이야기해보자.
- '나'라는 존재는 어떤 인과 어떤 연으로 형성됐는지 이야기해보자.

나비효과 Butterfly Effect

미국의 기상학자 에드워드 N. 로렌츠가 처음으로 발표한 이론으로 나중에 카오스이론으로 발전하는 계기가 되었다. 로렌츠는 컴퓨터를 사용하여 기상 현상을 수학적으로 분석하는 과정에서 초기 조건의 미세한 차이가 결과적으로 대단히 큰 차이로 나타난다는 것을 발견했다.

로렌츠는 논문에서 다음과 같은 의문을 제기했다.

"브라질에 서식하는 나비의 날갯짓이 미국 텍사스에 토네이도를 일으킬 수 있는가?"

로렌츠는 이 의문에 대해 다음과 같이 답한다.

"그럴 수도 있다."

처음에 이 현상을 설명할 때는 나비가 아닌 갈매기가 사용되었다. 그러나 이후에 좀 더 시적으로 표현하려고 갈매기를 나비로 바꾸었다.

작고 사소한 사건 하나가 엄청난 결과의 차이를 가져온다는 이 과학 이론은 점차 경제학과 일반사회학 등에서도 광범위하게 쓰이게 되었다.

그리고 이 이론을 소재로 한 영화도 제작되어 호평을 받았다.

삶과 세계를 움직이는 힘

너의 선행을 듣고 악한 사람이 찾아와 어지럽게 굴더라도 너는 스스로 참고 견디며 그에게 성내거나 꾸짖지 말라. 그가 너를 미워하는 것은 자기 스스로를 미워하는 것과 같다.

「숫타니파타」

업이란 무엇인가

해와 달은 왜 서쪽에서 뜨지 않고, 매일 동쪽에서 뜰까? 왜 뜻하지 않은 지진과 해일이 일어나는 것일까? 똑같은 사람인데 왜 누구는 부자이고 누구는 가난할까? 뜻하지 않은 삶의 굴곡과 재난은 왜 일어나는 것일까?

많은 정보의 축적과 분석이 불가능했던 원시사회에서는 이런 질문에 흔히 그분의 뜻이라고 답했다. 과거에 있었던 모든 일, 현재 일어나는 모든 일, 미래에 일어날 모든 일을 다 알고 계시는 그런 분이 있다고 생각하고, 또 모든 일을 저렇지 않고 이렇게 되게 한 그런 분이 있다고 생각했다. 하지만 과학이 발달한 현재의 인류는 과거 옛사람들처럼 대답하지 않는다. 모든 현상은 원인이 있고, 그 원인과 결과 사이엔 긴밀한 연관성이 있으며, 또한 원인과 결과 사이엔 일정한 규칙이 있다는 것을 알고 있다.

세계의 운용과 삶의 경영에 대한 부처님의 말씀은 과학과 매우 유사하다. 모든 존재는 한시적이긴 하지만 일정한 특성이 있으며, 그 특성은 상호

즐거운 불교공부

간에 규칙을 가지고 영향을 미친다는 것이다. 이것을 업業, karma이라 한다.

예를 들어 야구에서 투수가 던지는 공을 생각해보자. 투수가 던진 공의 성질은 투수의 손을 떠나기 전에 많은 요소에 의해 정해진다.

그 요소를 살펴보면 투수가 얼마만큼의 힘을 가했는지, 어떤 투구 자세로 던졌는지, 공의 회전을 어느 방향으로 주었는지 등등 이루 헤아릴 수 없으며, 이 모두가 여러 가지 인연因緣이다. 그렇게 정해진 공의 성질은 특별한 저항이 없는 한 유지되는 경향이 있다. 이를 과학에서는 관성의 법칙이라 한다. **투수가 던진** 공은 타자의 방망이에 맞지 않는 한 별다른 변화 없이 포수의 글러브로 들어갈 것이다. 타자가 휘두르는 방망이도 마찬가지다. 타자가 어떤 자세로, 어느 각도로, 어느 정도의 힘을 가했는지 이루 헤아릴 수 없이 많은 인연에 의해 방망이의 성질이 정해진다. 투수가 던진 공에 닿지 않는다면 타자의 방망이는 그 성질을 유지하며 타자의 어깨 뒤까지 돌아갈 것이다. 하지만 공과 방망이가 부딪쳤을 때를 생각해보자. 타자의 방망이에 맞은 투수의 공은 그 진행 방향과 속도와 회전이 급격히 변화할 것이다. 즉 공의 성질이 달라진다. 방망이도 마찬가지다. 공에 닿는 순간 방망이의 진행 방향과 속도와 손목과의 각도 등이 급격히 변화할 것이다. 공뿐만 아니라 방망이의 성질 또한 달라진다. 이처럼 공과 방망이는 상대방의 성질에 변화를 일으키는 힘을 가지며, 또 상대방의 성질에 의해 그 성질이 변화한다. 이런 규칙은 물리적인 세계에만 적용되는 것이 아니다. 이 규칙은 생각의 세계, 사람과 사람의 관계에서도 그대로 적용된다.

행동, 언어, 사고의 습관

우리에게는 어떤 힘이 유지되며, 그 힘은 다른 사람에게 어떤 방식으로 영향을 주는가? '현재의 나'는 일정한 행동 습관과 일정한 언어 습관과 일정한 사고방식을 가진다. 이것을 삼업三業이라 한다. 물론 이런 습관은 누가 부여한 것도 아니고 우연히 그렇게 된 것도 아니다. 얼굴의 표정 하나, 무심코 내뱉는 말 한마디, 갑자기 떠오르는 한 생각까지도 아무 이유 없이 일어나는 것은 없다. 앞에서 밝혔듯 수많은 원인과 조건의 결과물로써 현재 그런 특성이 있게 된 것이다. 그렇게 형성된 특성은 특별한 저항이 없으면 그대로 유지되려는 성질이 있다.

침을 잘 뱉는 습관을 가진 사람은 옆에서 누군가 제지하거나 스스로 수정하려고 노력하지 않는 한 무의식적으로 아무 곳에나 침을 뱉는다. 쉽게 욕을 내뱉는 습관이 있는 사람은 옆에서 누군가 제지하거나 스스로 수정하려고 노력하지 않는 한 무의식적으로 아무에게나 욕을 한다. 쉽게 분노

하는 습관이 있는 사람은 옆에서 누군가 제지하거나 스스로 수정하려고 노력하지 않는 한 무의식적으로 아무에게나 미워하는 마음을 일으킨다. 이런 나의 특성은 나의 특성에만 그치지 않고 주변의 다른 존재에게 영향을 미치고, 주변의 다른 존재에게서 끊임없이 영향을 받는다.

이러한 업의 상호작용은 유쾌함, 평온함 등의 바람직한 결과를 가져오기도 하고 불쾌함, 불안함 등의 바람직하지 못한 결과를 가져오기도 한다. 바람직한 결과를 이끌어내는 힘을 좋은 업[善業]이라 하고, 바람직하지 못한 결과를 이끌어내는 힘을 나쁜 업[惡業]이라 한다.

오케스트라를 예로 들어보자. 합주에 참여하는 각각의 악기들은 각기 다른 음색과 음력을 가진다. 실력이 뛰어난 연주자와 좋은 악기가 갖춰졌다고 단번에 훌륭한 교향곡이 연주되는 것은 아니다. 각각의 악기가 자기의 음색과 음량만 고집하면 듣는 사람의 얼굴을 찡그리게 하는 불협화음만 생긴다. 오케스트라에 참여하는 음악가들은 부단한 연습과 시행착오를 거치며 자기의 악기를 어떻게 조율하고 어떻게 연주해야 하는지 습득한다. 그런 과정을 거쳐 조화를 이룬 아름다운 교향곡이 탄생하는 것이다.

좋은 업을 만들자

삶도 크게 다르지 않다. 사람들은 저마다 자기만의 습관을 가지고 사람들과 관계를 맺으며 다양한 결과를 만들어낸다. 때로 그 결과는 불쾌하고 두렵고 서로를 아프게 한다. 좋지 못한 결과는 어디에서 생긴 것일까? 조화를 이루지 못하는 잘못된 행동습관, 언어습관, 사고방식에서 발생한다.

잘못된 행동습관, 언어습관, 사고방식에는 어떤 것들이 있는가? 부처님께서는 그중 대표적인 것으로 살생, 도둑질, 잘못된 성생활, 거짓말, 이간질, 욕, 꾸밈말, 탐욕, 분노, 어리석음 열 가지를 지목했다. 이것을 열 가지 나쁜 업, 십악업十惡業이라 한다.

유쾌하고 편안하고 안정된 삶이라는 결과를 이끌어내려면 어떻게 해야 할까? 좋은 결과를 도출하도록 나쁜 업을 좋은 업으로 개선해야 한다. 열 가지 나쁜 업을 열 가지 좋은 업으로 바꾸어야 한다. 그 열 가지 좋은 업을 십선업十善業이라 한다.

나쁜 업은 다른 사람을 아프고 쓰라리게 할 뿐만 아니라 자신도 괴롭게 만든다. 좋은 업은 다른 사람을 기쁘고 즐겁게 할 뿐만 아니라 자신도 그 기쁨을 함께 누리게 한다. 지금 이 순간 내가 하는 하나의 행동, 한마디 말, 한 가지 생각은 하늘을 향해 던진 부메랑처럼 고스란히 그 결과가 나에게 돌아온다. 이것을 업보業報라고 한다.

생각 펼치기

- 나에게 어떤 행동습관, 언어습관, 사고방식이 있는지 생각해보자.
- 나의 습관이 어떤 원인때문에 형성되었고, 주변에 어떤 영향을 미치는지 생각해보자.
- 바꿔야 할 습관이 있다면 무엇이고, 그 습관을 바꾸기 위해 어떤 노력이 필요한지 이야기해보자.

지혜BOX

열 가지 좋은 업 십선업十善業

- 생명을 해치는 행동이 아닌 생명을 살리는 행동
- 남의 것을 훔치는 행동이 아닌 내 것을 남에게 베푸는 행동
- 왜곡되고 잘못된 성생활이 아닌 사랑과 기쁨의 열매를 맺는 올바른 성생활
- 속이는 거짓말이 아닌 진실한 말
- 다툼을 부추기는 이간질이 아닌 서로를 화해시키는 말
- 거칠고 추악한 욕지거리가 아닌 부드럽고 따뜻한 칭찬
- 허풍이 가득하고 적당히 얼버무리는 말버릇이 아닌 분명하고 또렷하게 말하는 습관
- 욕심이 가득한 마음이 아닌 작은 것에도 만족할 줄 아는 마음
- 분노가 가득한 마음이 아닌 자비심이 가득한 마음
- 어리석음이 가득한 마음이 아닌 지혜가 가득한 마음

정말 윤회할까

> 그대의 전생을 알고 싶은가? 지금 그대의 모습을 보라.
> 그대의 미래를 알고 싶은가? 지금 그대가 무엇을 하는지 보라.
> 『아함경』

윤회는 정말 있을까

구르는 바퀴처럼 모습을 바꾸며 죽었다 다시 태어나기를 끝없이 반복하는 것이 윤회輪廻이다. 이런 생각은 불자만 하는 것이 아니다.

고대사회의 많은 민족이 이런 관념을 가졌고, 그리스의 철학자 중에도 윤회를 주장한 사람이 있었다. 또한 현대 철학의 선구자 중 한 사람으로 불리는 니체Nietzsche 역시 그의 저서 『짜라투스트라는 이렇게 말했다』에서 원형을 이루는 시간의 고리 안에서 우주와 인생은 끝없이 되풀이된다고 주장한 바 있다.

과학이 발달하면서 인류는 이런 관념을 지식이 부족했던 고대사회의 잘못된 신념으로 치부하는 경향을 보였던 것이 사실이다. 하지만 최근 들어 도리어 서구의 학자들 사이에서 '정말 윤회할 수도 있지 않을까?'라는 의문이 제기되고, 소위 과학적 방법을 통해 증거를 수집하고 분석하며 검증하는 작업을 진행했다.

그 가운데 대표적인 예가 지나 서미나라Gina Cerminara 박사의 조사 연구서인 《윤회의 비밀》이다. 그녀는 일종의 최면 투시인 피지컬 리딩Physical Reading을 통해 수많은 사람의 전생을 투시하고 현재와의 긴밀한 연관성을 밝혔던 에드가 케이시Edgar Cayce의 행적과 시술 사례를 수집 분석하여 윤회와 업을 입증하려고 시도했다.

이 보고서는 서구인의 큰 관심과 논란을 불러일으켰고, 더불어 여러 각도의 재검증을 시도했다. 이런 작업을 통해 많은 학자가 내린 잠정적인 결론은 법칙이라고 증명할 수는 없지만 미신이라고 단정하기엔 무시할 수 없는 증거가 너무도 많다는 것이다. 즉 사실일 수도 있고 거짓일 수도 있다는 것이다. 또한 일부 학자들은 윤회를 입증할 수 없는 이유를 윤회라는 관념의 허구에서 찾기보다는 윤회를 관찰하고 증명할 수 있을 만큼 발달하지 못한 현재의 과학기술에서 찾는 이들도 있다. 이런 점을 고려해볼 때 윤회를 잘못된 과거의 관념으로 덮어두기보단 새로운 탐구 영역으로 열어놓는 것이 더욱 현명하리라 여겨진다.

불교의 윤회설

부처님께서는 윤회를 다양한 방식으로 설명하셨다. 그중 대표적인 것이 사유설四有說이다. 유有란 생명체, 존재를 의미한다. 부처님께서는 모든 생명체는 생유生有, 본유本有, 사유死有, 중유中有의 네 가지 양태를 끝없이 반복한다고 말씀하셨다. 생유란 아버지의 정자와 어머니의 난자가 결합해 태내에서 성장하는 과정을 말한다. 본유란 어머니의 자궁 밖으로 나온 이후 죽기 전까지를 말한다. 사유란 호흡과 혈액의 흐름이 멈추고 육체가 파괴되는 과정을 말한다. 중유란 흔히 영혼이라고 부르는 상태다.

하나의 존재를 왜 네 단계로 분류하는가? 각 과정 사이에 급격한 변화가 일어나기 때문이다. 한 살의 아기가 팔십의 노인이 되는 과정에서 거치는 변화의 정도보다, 난자와 정자가 결합하여 생긴 배아와 한 살 아기의 사이에서 더 큰 차이를 발견할 수 있다. 그리고 팔십 년을 움직이며 활동하던 사람과 요동도 없이 싸늘하게 식은 주검 사이에서 큰 차이를 발견할 수 있다. 또한 활동이 정지하긴 했지만 육신의 형상이 그대로 유지된 상태와 육신이 완전히 소멸하고도 유지되는 영혼 사이에서 큰 차이를 발견할 수 있다.

급격한 차이를 보이는 네 양태를 왜 하나의 고리로 연결하는가? 기능과 모습 등에서 급격한 변화와 차이를 보이긴 하지만 앞의 상태와 뒤의 상태는 긴밀한 연관성이 있기 때문이다. 여기에서 태내의 배아와 출생 후의 삶, 그리고 호흡과 맥박이 멈춘 주검 사이에 긴밀한 연관성이 있다는 것은 누구나 인정할 것이다. 문제는 중유다. 불에 태워지거나 육체가 썩어 완전히 흩어지더라도 이전의 삶과 긴밀한 연관성을 가진 무언가가 존재한다는 것이다. 그리고 그 무언가는 새로운 배아에 깃들고 새로운 삶의 방향을 정하는 원동력이 된다. 이 부분에 대한 탐구는 앞으로 해결해야 할 과제이다.

불교에서는 인간이 죽으면 다시 인간으로 태어나는 것은 아니라고 한다.

또한 꼭 인간만이 인간으로 태어나는 것도 아니라고 한다. 그럼 생명체가 태어나고 죽으며 거치는 세계는 어떤 것이 있을까? 하늘세계, 아수라세계, 인간세계, 짐승세계, 아귀세계, 지옥세계의 여섯 세계가 있다고 한다. 하늘세계란 신의 세계다. 신神에도 여러 종류가 있는데, 육체가 있는 신도 있고 육체가 없는 신도 있으며, 그 힘과 능력에 있어 각기 차이를 보인다. 하지만 이들은 공통적으로 인간보다 아름답고 건강하며 뛰어난 능력이 있다.

아수라세계는 아수라신의 세계다. 아수라는 악신惡神이라고도 한다. 인간보다 뛰어난 육체와 정신이 있지만 성질이 난폭해 전쟁을 일삼는 신이다. 흔히 쓰는 단어 중 아수라장이란 말도 여기에서 비롯되었다.

짐승세계는 한자로 축생畜生이라 한다. 인간보다 하열하고 지능도 떨어지며 본능에 지배당하는 동물의 세계다.

아귀세계는 아귀餓鬼라는 귀신의 세계다. 아귀는 악귀惡鬼라고도 하는데 늘 굶주림과 추위에 시달리는 귀신이다.

지옥세계는 나쁜 업을 많이 지은 자가 태어나는 가장 살벌하고 음침하며 무서운 세계로 온갖 종류의 고통에 끊임없이 시달리는 곳이다.

왜 이 세계에 태어났는가? 부처님께서는 원인 없이 일어나는 결과는 없다고 하셨다. 육체가 완전히 소멸하고도 유지되는 중유가 새로운 삶을 받을 때에는 일정한 규칙이 있다. 가장 기본적인 구조는 착한 일을 많이 한 사람은 행복한 세계에 훌륭한 존재로 태어나고, 나쁜 일을 많이 한 사람은 고통스런 세계에 비천한 존재로 태어난다고 한다. 지금 생에서 어떤 업을

짓느냐에 따라 다음 생이 저절로 결정된다. 열 가지 좋은 업을 부지런히 실천한 사람은 그 힘으로 저절로 인간세계나 하늘세계에 태어나고, 열 가지 나쁜 업을 많이 저지른 사람은 그 힘으로 저절로 동물세계나 지옥세계에 태어난다.

윤회의 가르침

부처님께서는 윤회의 가르침을 통해 스스로도 편안하고 다른 사람에게도 기쁨을 주는 유익한 행동을 권하고, 스스로도 불편하고 다른 사람에게도 고통을 주는 못된 행동을 금하셨다. 보다 훌륭하고 뛰어난 존재로 거듭나도록 권하며, 더불어 신들의 영화와 권능마저 초월하도록 권했다. 왜냐하면 아무리 뛰어난 신이라도 그의 수명과 능력은 한계가 있기 때문이다. 탐욕, 분노, 어리석음의 세 가지 삼독을 완전히 제거하기 전에는 현재보다 못한 존재로 떨어질 가능성을 늘 지니고 있음을 경고하셨다. 결국 부처님께서 윤회의 가르침을 통해 우리에게 제시한 방향은 삼독에 뒤엉켜 돌고 도는 여섯 세계를 삼독을 제거해 벗어나라는 것이다. 이를 해탈解脫이라 한다.

부처님의 의도에 바탕을 두고 이해한다면 윤회설輪廻說은 다양한 방식으로 해석할 수 있다. 사유의 변화만큼 급격한 차이를 드러내진 않지만 세밀하게 관찰해보면 우리는 시시각각 끊임없이 변화하는 존재다. 따라서 꼭 죽고 새롭게 태어나지 않더라도 심리적인 면에서 여섯 세계를 끊임없이 윤회한다고도 볼 수 있다. 때로 하늘의 신들처럼 여유롭고 유쾌한 하루를 보내기도 하고, 때로는 생각하는 갈대인 인간으로서 선악의 갈림길에서 고민하기도 하고, 때로는 아수라처럼 분노에 차 광폭한 행동을 일삼기도 하고, 때로는 짐승처럼 욕망에 굶주려 이성을 잃어버리기도 하고, 때로는 아귀처럼 추위와 굶주림에 떨며 위축되고 두려워하기도 하고, 때로는 지옥 중생처럼 쓰라린 고통 속에서 도저히 헤어날 기미가 보이지 않기도 한다. 이것이 인간의 삶이다. 이처럼 우리는 일상에서 여섯 세계의 즐거움과 고통, 두려움과 편안함을 체험하며 살아간다.

오늘을 하늘세계의 하루로 살 것인가, 지옥세계의 하루로 살 것인가는 결국 나의 손에 달렸다.

생각 펼치기

- 열 가지 좋은 업과 열 가지 나쁜 업을 조사해보자.
- 지옥처럼 느껴졌던 때가 있다면 그 경험을 이야기해보자.
- 보다 좋은 주변 환경과 보다 멋진 나로 거듭나려면 무엇을 해야 할지 이야기해보자.

지옥과 극락의 차이

지옥과 극락을 모두 다녀온 사람에게 누군가 물었다.

"지옥과 극락은 어떻게 다르던가요?"

"큰 차이가 없던걸요. 극락에 사는 사람도 맛있는 음식을 차려 밥을 먹고, 지옥에 사는 사람도 맛있는 음식을 차려 먹더군요. 다만, 차이가 있다면 두 곳 모두 다섯 자나 되는 수저를 사용하는데 극락 사람들은 서로 먹여주고, 지옥 사람들은 제 입으로만 넣으려고 안간힘을 쓰더군요."

함께 행복의 세계로

> 지혜로운 사람 때맞춰 보시하며 아끼거나 탐내는 마음 없나니
> 자기가 지은 공덕 이웃에게 돌린다. 그런 보시 가장 훌륭해 모든 부처님 칭찬하시나니
> 살아서는 그 복을 받고 죽으면 천상에 태어나리라.
> 「증일아함경」

피안의 언덕으로 가는 길

부처님의 가르침은 고통을 벗어나 즐거움을 얻게 하려는 것이다. 그 즐거움은 순간에 그치는 감각적인 즐거움이 아니라 안정되고 변함없는 영원한 안락을 얻게 하려는 데 그 목적이 있다. 부처님께서는 이것을 강을 건너는 것에 비유하셨다.

온갖 맹수와 위험이 도사리는 밀림을 헤매던 사람이 강가에 다다랐다. 강 건너편을 보니 넓은 들에 온갖 곡식과 과일이 풍성한 곳이었다. 그곳엔 갑자기 튀어나와 뒷덜미를 무는 맹수도 없고, 슬금슬금 목덜미를 기어오르는 독충도 없고, 손과 발을 할퀴는 독초도 없는 곳이다. 지금 겪고 있는 온갖 두려움과 공포를 벗어나려면 강을 건너 이 언덕에서 저 언덕으로 건너가야만 한다. 그러나 강물은 깊고 차갑고 거세게 소용돌이친다. 어떻게 해야 할까? 강을 건너려면 튼튼한 배를 만들고, 거친 물살을 타는 지혜를 갖추고, 부지런히 노를 저어야 한다.

여기에서 맹수와 독충은 삶의 고통을 비유하고, 깊고 세찬 강물은 탐욕, 분노, 어리석음의 삼독을 비유하고, 튼튼한 배는 부처님의 가르침을 비유하고, 지혜로운 뱃사공은 수행자를 비유한다.

지금 서 있는 밀림의 언덕 풍경을 다시 살펴보자. 맹수에게 쫓기고 추위와 두려움에 떨며 강가에 서 있는 사람은 나 혼자가 아니다. 수많은 사람 역시 시퍼런 강물만 망연히 바라볼 뿐이다. 대부분의 사람은 몇 조각의 나무라도 긁어모아 자기 한 몸 지탱할 수 있는 뗏목을 만들기에 급급할 것이다. 그렇게 조금이라도 빨리 이 험난한 상황에서 벗어나고 싶은 생각에 옆에서 울부짖는 사람을 돌아보지도 않는다.

이 처참한 언덕에 지혜롭고 능력도 있으며, 자비심까지 갖춘 사람이 있다. 그 사람은 혼자 건너면 훨씬 빨리 이 상황에서 벗어날 수 있음에도 아파하고 두려워하는 이웃을 외면할 수 없어 혼자 건너기를 포기한다. 그는 사람들을 불러 모아 용기를 심어주고, 다 함께 탈 수 있는 튼튼하고 큰 배를 만든다. 그리고 수많은 사람을 그 배에 태우고 거친 물살을 건너 반대편 언덕으로 함께 건넌다. 그리고 저 언덕에 도착해 함박웃음을 짓는 사람들의 얼굴을 보기 전에는 절대 기뻐하지 않는다.

그는 누구인가? 바로 보살菩薩,Bodhisattva이다. 그리고 반대편 저 언덕으로 건너는 것을 바라밀波羅蜜,Pāramitā이라 한다. 이는 피안에 이르는 길이라는 의미다.

피안에 이르는 길

모두가 행복한 저 언덕으로 함께 건너려면 어떤 노력이 필요할까? 부처님께서는 보살이 갖춰야 할 덕목으로 보시, 지계, 인욕, 정진, 선정, 지혜 여섯 가지를 말씀하셨다. 이것을 육바라밀六波羅蜜이라 한다.

하나, 보시바라밀布施波羅蜜이다. 보시란 베푼다는 의미이다. 베푼다는 것은 조건 없이 주는 것을 말한다. 어떤 목적과 이유가 있어서 주는 것은 보시라 하지 않는다. 그것은 거래라고 한다. 다음에 돌려받으려고 목적을 성취하려는 수단으로, 합당한 보상을 마음에 두고 주는 것은 보시가 아닌 거래다. 그런 베풂은 밑바탕에 탐욕의 씨앗을 품고 있고, 결국 그 씨앗은 투쟁과 분노의 싹을 틔운다.

그렇다면 무엇을 베풀어야 할까? 가난과 굶주림과 추위에 허덕이는 사람이 있다면 아무 조건 없이 능력껏 돈과 음식과 물건을 나누어야 한다. 방황하며 헤매는 사람이 있다면 그의 좋은 벗이 되어 훌륭한 가르침을 들려줘야 한다. 슬픔과 두려움에 떠는 사람이 있다면 그의 든든한 울타리가 되어 위로하고 용기를 북돋아주어야 한다.

둘, 지계바라밀持戒波羅蜜이다. 올바른 생활 태도로 나를 바로 세우고, 남에게도 모범이 되어야 한다. 스스로 절제하지 못하는 사람은 절대 지도자

가 될 수 없다. 자신도 자제하지 못하는 사람의 말을 누가 믿고 따르겠는가? 부처님의 제자라면 반드시 도덕적으로 바른 생활을 해야 한다.

셋, 인욕바라밀忍辱波羅蜜이다. 공들여 나무를 깎고 다듬어 십 년 만에 지은 집도 작은 성냥불 하나면 하룻밤에 사라진다. 내가 쌓은 선한 공덕을 한순간에 사라지게 하는 것은 분노다. 한순간의 분노를 참지 못해 오랜 노력과 성과를 허사로 만들어버리는 것을 주변에서 쉽게 볼 수 있다. 소중한 것을 지킬 줄 아는 사람은 결코 쉽게 분노하지 않는다. 누군가 모욕하고 해치더라도 자기를 사랑할 줄 알고 이웃의 소중함을 아는 사람은 분노에 몸을 맡기지 않고, 원한으로 밤을 지새우지 않는다.

넷, 정진바라밀精進波羅蜜이다. 올바른 길이라는 것을 확신한다면 그 길이 아무리 거칠고 험난하더라도 물러남이 없어야 한다. 산은 생각만으로 오를 수 없다. 어디가 정상이고, 어떤 길이 정상으로 향하는 길인지 알더라도 직접 한발 한발 옮기기 전엔 정상에 다다를 수 없다. 굽이진 길이 고단하다고, 건너야 할 계곡이 깊다고 돌아서는 사람은 정상을 밟을 수 없다. 지금 옮기는 한 걸음만큼 정상에 가까워지고 있음을 아는 자만이 정상을 밟을 수 있다.

다섯, 선정바라밀禪定波羅蜜이다. 몸과 마음이 안정되지 못하면 올바른 판단과 선택을 할 수 없다. 깊은 산 속에서 길을 잃고 미친 듯이 헤매는 사람이 제일 먼저 해야 할 일은 무엇일까? 멈춰서야 한다. 어디로 가야 할지, 어떻게 해야 할지도 모르면서 이리저리 찾아다녀 본들 몸과 마음만 피곤할 뿐이다. 일단 발걸음을 멈추고, 무거운 배낭을 내려놓고, 시원한

계곡물로 이마의 땀을 씻고, 편안하게 앉아서 길게 호흡을 고르고, 가만히 돌아보아야 한다. '어디로 가려고 했던가? 어느 길로 왔던가? 어디서 길을 잘못 들었는가? 그럼 이제 어떻게 해야 할까?' 하던 일을 멈추고 가만히 되돌아보는 시간을 가지는 자만이 정상으로 향한 바른길을 다시 찾을 수 있다.

여섯, 반야바라밀般若波羅蜜이다. 반야란 지혜를 말한다. 마음이 안정된 사람은 끊임없이 변화하는 상황 속에서 안정된 마음을 잃지 않고, 한발 한발 어떻게 움직여야 하는지 정확히 판단하고 행동한다. 이것이 지혜이다. 보살은 이런 슬기로움으로 스스로 역경을 헤쳐 나아가며 다른 사람을 위험에서 구한다.

행복은 작은 움직임 하나에서 시작한다.
부처님의 가르침을 따르는 사람이라면 진정한 행복을 위해 보살이 되어 이웃과 함께 행복의 길로 걸어가야 한다.

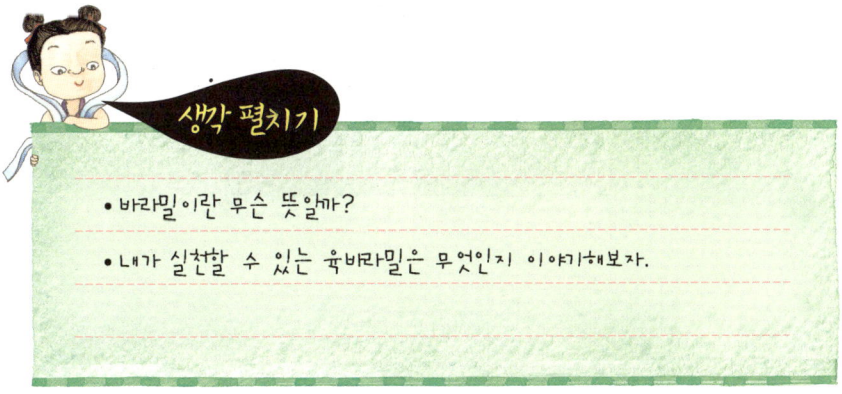

- 바라밀이란 무슨 뜻일까?
- 내가 실천할 수 있는 육바라밀은 무엇인지 이야기해보자.

지혜 BOX

진정한 행복

사람은 혼자 살 수 없다. 부처님께서 연기법에서 말씀하셨듯이 모든 것은 마치 그물망처럼 정교하고 미세한 인연의 고리로 연결되어 있다. 홀로 아름다운 꽃을 상상할 수 있을까?

아무리 아름다운 꽃도 꺾어서 물이 없는 꽃병에 꽂으면 한나절이 지나지 않아 시들고 만다. 들판에 핀 한 송이 꽃이 아름다울 수 있는 까닭은 드넓은 대지의 넉넉한 품과 허리를 감아 도는 잔잔한 시냇물과 산자락에서 불어오는 시원한 바람이 있기 때문이다. 이와 마찬가지로 나만의 행복이란 있을 수도 없고, 있다 해도 그런 행복은 꽃병의 꽃처럼 쉽게 시들어버린다.

지혜 BOX

파라미타

사단법인 파라미타 청소년협회는 1996년 5월 대한불교조계종이 설립한 청소년 단체로 전국의 초·중·고등학교와 사찰의 지도자 및 청소년 회원으로 구성되어 있다.

민족문화와 전통을 계승하여 건전한 청소년 문화를 창달하고, 민족주체성을 확립하여 조국 통일의 역군이 되며, 부처님의 가르침을 배우고 실천하여 참된 인간형을 실현하려는 목적으로 설립된 파라미타에서는 전국연합캠프를 비롯해 문화 유적 답사 및 문화재 애호 활동, 청소년 국제 교류, 맑고 깨끗한 환경 가꾸기 운동, 유해 환경 감시단 등의 활동을 하고 있다.

파라미타의 상설기구로는 청소년문화연구소, 파라미타자원봉사센터, 청소년유해환경감시단, 청소년사이버상담실 등이 있으며, 현재 전국에 14개 지부, 350여 개 분회가 가입해 활발한 활동을 하고 있다.

#04
아름다운 삶, 행복한 마음

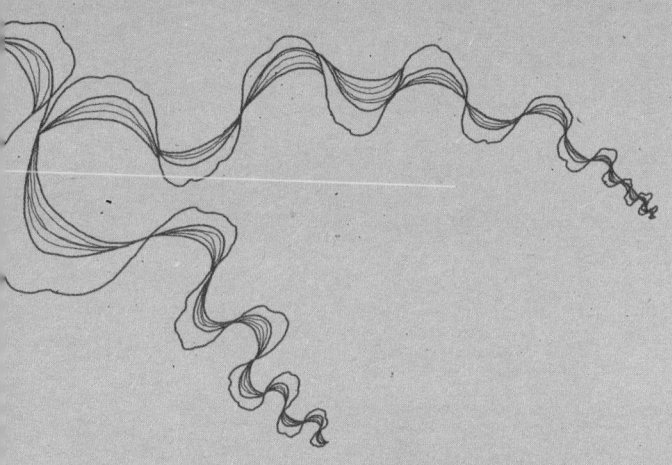

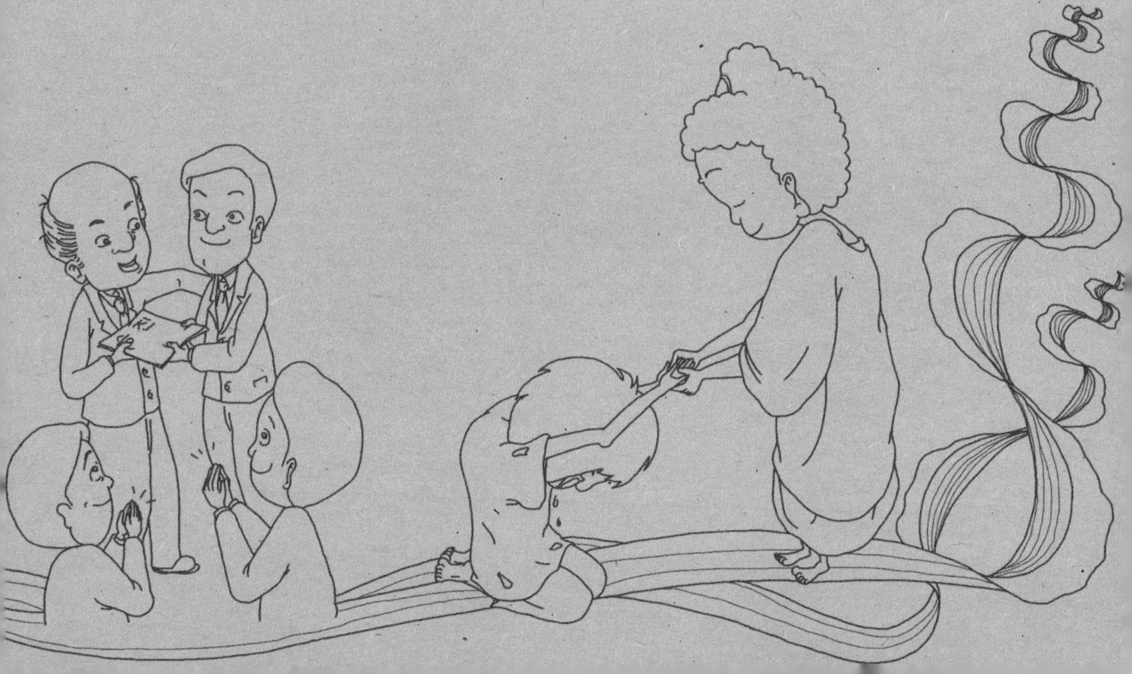

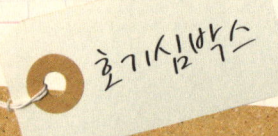

호기심박스

★ 중도의 원리를 살펴보고, 어떻게 실천할 수 있는지 알아보자.
★ 마음의 구조를 이해하고, 일상생활에서 마음을 비운 자신을 찾아보자.
★ 밖의 대상을 찾는 것보다 왜 자기 자신을 찾는 것이 더 중요한가를 이야기해보고 자기 자신을 찾는 길을 생각해보자.

조화로운 삶

탐욕의 쾌락에 빠지지 말고 자신을 괴롭히는 고행에도 빠지지 말라.
이 두 가지를 떠나 중도가 있느니라.
중도를 걸어야 안목도 생기고 지혜도 이루며, 선정을 얻어 열반에 나아가느니라.
『중아함경』

이분법적인 사고

흔히 타고난 습성처럼 이분법적인 사고방식으로 세상을 바라본다. 이것과 저것, 나와 너, 선과 악 등의 방식으로 선을 긋고 양쪽을 저울질하는 경향이 있다. 둘 가운데 어느 하나를 선택해 그 반대쪽보다 우월하고 소중하다고 생각한다. 개인과 사회를 구분해, 혹자는 개인의 삶이 더 소중하고 우선시되어야 한다고 주장하고, 혹자는 사회 전체를 먼저 고려하는 것이 더 바람직하다고 주장한다. 과연 어느 쪽 견해에 손을 들어야 할까? 부처님께서는 두 견해 모두 극단적 견해라 하시고, 어느 쪽을 선택해도 잘못이라고 말씀하셨다. 둘로 구분한 것부터가 잘못이기 때문이다.

우리 몸엔 왼손도 있고 오른손도 있다. 왼손이 더 소중할까, 오른손이 더 소중할까? 만일 왼손이 더 소중하다고 주장하고 왼손만 보호하려는 사람이 있다면 그는 오른손을 쓸모없고 비열한 것이라 여기며 학대할 것이다. 또 오른손이 더 소중하다고 여기는 사람이 있다면 왼손을 쓸모없고 비열한 것이라 여기며 학대할 것이다. 그럼 두 주장 중 누구의 견해가 더 합당하고 바람직할까? 어느 쪽 견해건 그들이 가져올 결과는 자멸뿐이다. 오른손을 소중히 여겨 왼손을 잘라버린 사람도, 왼손을 소중히 여겨 오른손을 잘라버린 사람도 그 결과는 불구자. 오른손을 아끼고 보호하려던 사람은 결국 오른손 하나만으로 모든 허드렛일을 해야 하고 혼자선 밥상조차 들지 못하는 꼴이 된다.

또한 둘로 나누는 극단적 견해는 그 끝을 알 수 없다. 동전의 앞면만 필요하지 뒷면은 필요 없다고 생각하는 사람이 있다고 하자. 그는 불필요한 뒷면을 없애려고 동전을 반으로 가른다. 하지만 거짓말처럼 동전엔 다시 뒷면이 있다. 앞면만 필요한 그 사람은 다시 그 동전을 반으로 가르고, 또 반으로 가르고, 그렇게 끝없이 반복한다. 과연 그 사람은 순수한 동전의 앞면만 가질 수 있을까? 우리의 극단적 견해도 마찬가지다. 둘로 구분 지어 어느 한 쪽을 선택하는 사고방식은 끝없는 분열과 투쟁을 초래하고 그 결과는 자멸뿐이다.

중도, 더불어 사는 지혜

부처님께서는 연기법을 통해 이것과 저것은 본래 나뉜 것이 아니고, 나뉜 적도 없으며, 나눌 수도 없다고 하셨다. 도리어 둘로 나누는 사고방식의 결함을 지적하고 극복할 것을 말씀하셨다. 이것을 중도中道라 한다.

세상 어디를 뒤져봐도 항상 그런 것은 없다. 만일 늘 그렇다고 생각되는 것이 있다면 그건 내 관찰력이 예민하지 못하기 때문이다. 그러나 세상에는 '반드시 이러해야 한다'고 주장하는 것이 너무 많다. 그리고 자신의 주장과 다르면 그 사이에 두터운 장벽을 쌓고 상대의 주장은 듣지노 않는다. 아니, 듣지 않는 정도에서 그치지 않고 빈틈을 노려 상대의 주장을 굴복시키려 든다. 이것과 저것, 나와 너, 선과 악, 인간과 자연의 끝없는 마찰과 투쟁은 어느 쪽도 승자가 될 수 없다. 어느 쪽에 서건 남는 것은 쓰라린 상처와 얼룩진 고통뿐이다.

인류는 선善과 악惡의 이름으로 너무 많은 잘못을 저질러 왔다. 이는 역사가 증명한다. 전쟁을 일으킨 양쪽 모두 어느 누구도 자신을 악의 편이라 한 자는 없다. 어느 누구도 상대를 선의 편이라 한 자는 없다. 선은 명분일 뿐이다. 정작 그들의 행동은 파괴와 공포를 일삼는 악마의 모습이었다. 이제 인류는 성숙한 자세로 자신의 신념과 주장을 선이라고 내세우기에 앞서 상대의 선에 귀를 기울여야 한다. 상대의 신념과 주장을 악이라고 비난하기에 앞서 자신의 악을 눈여겨 살펴야 한다.

훌륭한 미술가는 쓰레기 더미에서도 아름다움을 발견하지만 안목이 없는 사람에게는 고흐Gogh의 그림도 어린아이의 붓장난일 뿐이다. 우리에게 필요한 것은 미세하고 정교하게 연결된 세계의 참모습을 볼 수 있는 안목을 키우는 것이지 마음 내키는 대로 허공에 선을 긋고 취사선택하는 것이 아니다.

현대사회가 안고 있는 가장 큰 문제 중 하나는 환경오염이다. 이 문제 역시 이분법적 사고에서 발생했다. 이 문제는 우리의 인식 전환 없이는 절대 풀 수 없다. 서구 자본주의의 발달과 함께 인류는 자연과 인간 사이에

스스로 선을 긋고 자연을 정복과 지배의 대상으로 여겨왔다.

서구 열강은 자연을 마치 인류 앞에 차려진 식탁처럼 생각하며 앞다투어 먹어치우기에 바빴다. 밀림을 파괴하고 산과 강을 파헤치며, 쓰레기를 곳곳에 늘어놓았다. 그 결과 생태계의 파괴와 환경오염의 속도는 나날이 빨라져 이제는 인류의 생존 자체를 위협하는 지경에 이르렀다. 지구 온난화와 사막화, 이상기후 현상에 대한 경고는 더이상 과학자들만의 경고가 아니다. 지구촌 곳곳에서 진행되는 지구의 괴멸을 뉴스를 통해 생생히 목격한다.

자본주의 선두주자들마저 자신들의 오류를 인정하고 불교적 세계관으로 시각을 교정하고 있다. 그런데 이러한 시기에 긴 세월 부처님의 가르침을 이어왔던 우리가 부끄럽게도 지금 자본주의적 시각에 탐닉하고 있다. 벌겋게 속살이 파헤쳐진 공사 현장과 죽은 물고기가 둥둥 떠다니는 강변을 아무렇지 않은 양 웃으며 지나친다. 자연의 모습이 곧 다가올 우리의 모습임을 전혀 자각하지 못한다.

내가 키우는 작물 외에 자라는 식물은 모두 잡초로 여겨 마구 제초제를 뿌려대고, 내 열매에 손대는 새와 곤충을 모두 해충으로 여기며 마구 살충제를 뿌려댄다. 바다 밑바닥까지 그물질해 바다 생물의 씨를 말려버리고, 가축의 살을 찌우려고 좁은 우리에 가축을 가두고 항생제가 범벅된 사료를 먹인다. 더 비싼 상품을 더 많이 생산하려고 공장마다 매연과 폐수를 쏟아낸다. 옷과 식기를 더 깨끗이 하려고 집집마다 자연 분해도 안 되는 세제를 마구잡이로 사용하여 그 생활폐수가 엄청나다. 그러나 이런 일들이 얼마나 큰 불행을 초래하는지 자각하지 못한다.

이제 더 손쓸 수 없을 만큼 서로 망가지기 전에 멈춰야 한다. 어리석음과 탐욕에서 비롯한 오만과 독선을 버리고 화해하는 법을 배워야 한다. 나와 너 사이에 쌓은 장벽을 허물고 더불어 사는 방법을 배워야한다. 이것이 중도다.

생각 펼치기

- 조화로운 관계를 회복하기 위해 바꾸어야 할 내 생각을 이야기해보자.
- 자연과 조화롭게 살기 위해 내가 할 수 있는 일을 이야기해보자.

지바까 이야기

부처님의 제자 중에 지바까라는 의사가 있었다. 지바까가 처음 스승에게 의술을 배울 때였다. 스승은 중요한 약초의 특성과 효능을 하나하나 가르치며 매일같이 지바까에게 약초를 캐오게 했다. 지바까는 처음엔 빈 바구니로 돌아오기 일쑤였지만 나날이 캐어오는 약초의 양이 늘었다.

그러던 어느 날, 약초를 캐러 갔던 지바까가 빈 바구니로 돌아오자 스승이 물었다.

"왜 약초를 하나도 캐어오지 않았느냐?"

지바까가 대답했다.

"손에 닿는 것 모두 약초 아닌 것이 없습니다. 무엇을 캐야 할지 모르겠습니다."

스승은 지바까의 학문이 성숙했음을 인정하고 떠나도록 허락했다.

나를 비우면 행복하다

<mark>이긴 사람은 더욱 미움을 사고 진 사람은 잠자리가 불편하다.
이기고 지는 것을 함께 버리면 편안하게 잠들 수 있으리라.</mark>
『잡아함경』

나를 비우다

불교를 공부하다 보면 아집我執을 버리라는 말을 자주 듣는다. 부처님께서는 '나'라는 집착 때문에 온갖 괴로움이 발생하지만, 아집을 버리면 고통이 소멸하며 편안하고 즐거운 해탈의 세계를 경험할 수 있다고 말씀하셨다.

'아집을 버린다, 나를 버린다'는 것은 무슨 뜻일까? 정말 '나'가 있다면 나를 어디에 어떻게 버릴 수 있겠는가? 나를 버리는 '그자'는 또 누구라고 불러야 할까? 만일 물건을 집어 쓰레기통에 던지듯 나라는 것이 정말 있어서 어딘가에 버려야 할 것으로 생각한다면 부처님 가르침과는 멀어진다.

나를 버리라는 말은 있지도 않은 나를 있다고 생각하고 집착하는 마음을 버리라는 뜻이다. 무엇을 나라고 생각하는가? 현재 경험하는 인식의 영역에서 육체[色], 감정[受], 생각[想], 의지[行], 의식작용[識]을 나라고 여기고, '내 것'이라고 여긴다. 과연 그럴까?

부처님께서는 내 생각이 사실인지 세밀히 관찰하라고 권하셨다.

먼저 육체를 관찰해보면, 내가 막 태어났을 때 내 몸무게는 겨우 3kg 정도에 지나지 않았다. 그 후 어머니의 젖을 먹고, 이유식을 먹고, 수많은 음식을 먹고 또 배설하며 현재의 몸이 되었다. 현재의 몸과 막 태어났을 때의 신체를 비교하면 엄청난 변화가 있음에도 우리는 그것을 나로 여긴다. 그 어떤 세포도 나이만큼 지속되는 것은 없는데도 3kg의 아기 때부터 현재까지 줄곧 나였다고 생각한다. 지금 내 혈액 속에는 하루 전만 해도 내가 아니었던 하얀 쌀밥과 된장찌개가 흐르고 있고, 지금 나라고 여겨지는 이 몸속에는 하루만 지나면 내가 아닐 대소변이 가득하다.

무엇이 '나'일까? 감정을 관찰해보자. '나는 발라드를 좋아해'라고 말하지만 과연 언제부터 발라드를 좋아했을까? 한두 살 때부터 발라드만 나오면 콧소릴 흥얼거리진 않았을 것이다. 과연 언제까지 좋아할까? 사람의 취향이란 장담할 수 없다. 하지만 그렇게 말하는 순간, 마치 오랜 옛날부터 좋아했고 앞으로도 영원히 바뀌지 않을 내 취향처럼 단정한다.

생각을 관찰해보자. 저것은 무엇인가? 똑같은 그것을 두고 세 살 땐 꼬꼬라 부르고, 초등학생 땐 닭이라 부르고, 중학생이 되어선 토종닭이라 부른 경험이 있을 것이다. 이처럼 무엇에 대한 내 생각 역시 끊임없이 변화한다.

의지를 관찰해보자. '난 무엇을 하고 싶어'라는 욕구가 치밀 때 그렇게 하지 않으면 곧 숨이라도 넘어갈 것처럼 생각한다. 과연 그럴까? 어느 한순간 '내가 왜 그랬지'하며 피식 웃어버릴 때가 있다.

의식작용을 관찰해보자. 사유 작용인 기억, 판단, 추리 역시 학습과 경험의 정도에 따라 끊임없이 변화한다. 지금의 사유 능력을 과연 세 살 때와 비교나 할 수 있을까?

나는 어제처럼 오늘도, 오늘처럼 내일도 그대로 유지되는 것 같지만 그 속성을 찬찬히 관찰해보면 고정된 것 없이 끝없이 변화한다.

이것을 무상無常이라 한다. 끝없이 변화하는 육체, 감정, 생각, 의지, 의식에는 고정된 실체가 없으므로 그것은 나도 아니고 내 것도 아니다. 또한 그 다섯 가지를 벗어나 따로 존재하는 나도 없다. 이것을 무아無我라 한다. '내 육체다'라고 생각하는 순간 나의 육체가 아닌 물질이 동시에 성립한다. '내 감정이다'라고 느끼는 순간 내 감정과 다른 감정이 동시에 성립한다. 생각, 의지, 의식도 마찬가지다. 오른쪽과 왼쪽은 누가 먼저 성립하는 것이 아니다. 어느 한쪽을 규정하는 순간 반대쪽은 동시에 성립하는 것이다. 이렇게 '나'와 '나 아닌 것' 사이에 있지도 않은 선을 긋고 주변과 마찰을 일으키는 것을 아집이라 한다.

하늘이 아름다운 이유

쉬는 시간 아이들은 운동장으로 달려나와 땅따먹기 놀이를 한다. 아이들은 커다란 사각형을 그리고 각기 한 모퉁이에 손바닥만 한 둥지를 튼다. 그리고 그것을 내 땅으로 여긴 아이들은 조금이라도 내 땅을 넓히려고 심혈을 기울여 손가락을 튕긴다. 그렇게 내 땅이 넓어지고 남의 땅까지 차지하면 환호성을 지르고, 내 땅이 좁아지면 안타까워 고함을 지른다. 그렇게 뒤엉켜 다투다 다시 종이 울리면 내 땅과 네 땅을 가로지르던 선을 발로 쓱쓱 문지르고 아무 일도 없었던 것처럼 교실로 뛰어간다. 아이들은 알고 있는 것이다. 그 운동장은 본래 내 땅도 네 땅도 아니라는 걸.

어린아이 같은 마음으로 돌아갈 수 없을까?

'이건 내 것이고 저건 네 것이야 / 나는 이것이 좋고 저것은 싫어 / 나는 이렇게 하고 싶어 / 나는 이렇게 해야 한다고 생각해' 얼마든지 이렇게 생각하고 말하고 행동할 수 있다. 그것이 큰 문제가 되지는 않는다. 문제는 어제 이렇게 말하고 생각하고 행동했으니 내일도 꼭 이렇게 말하고 생각하고 행동해야 한다는 고집이다. 이는 아이들이 떠나간 빈 운동장에서 내 땅도 아닌 내 땅을 지키고 있는 꼴이다. 이것이 아집이다.

나와 내 경험이란 고집을 내려놓고 세상을 바라볼 때, 비로소 인식의 틀이 넓어질 기회가 생긴다. 얼마든지 새로운 방향으로 보고 느끼고 생각하고 의욕을 일으킬 수 있다. 그런 기회를 스스로 제약해서는 안 된다.

하늘이 무슨 색이냐고 물어보면, 많은 사람이 파란색이라고 대답한다. 하지만 실제 하늘은 구름 한 점 없는 가을날의 파란색만 고집하지 않는다. 때론 먹장구름에 뒤덮여 캄캄하기도 하고 때론 우울한 잿빛을 띠기도 한다. 파란 하늘이라는 고집을 내려놓고 직접 두 눈으로 찬찬히 하늘을 보

자. 그래야만 발견할 수 있다. 솜털처럼 보드라운 새털구름의 하얀빛, 산마루를 태우는 저녁놀의 붉은빛, 파르스름하게 번지는 새벽빛, 밤하늘을 수놓는 찬란한 별빛, 비단휘장을 두른 달무리.

아집을 버리고 있는 그대로 찬찬히 들여다볼 때, 늘 그랬는데도 전혀 알지 못했던 것들을 새삼스레 발견하게 된다. 하늘이 이처럼 아름다운 빛깔일 수 있는 까닭은 비어 있기 때문이다. 그 비어 있음이 바로 공空이다. 우리도 무엇이든 받아들일 수 있는 허공과 같은 마음을 가지도록 스스로 노력해야 한다.

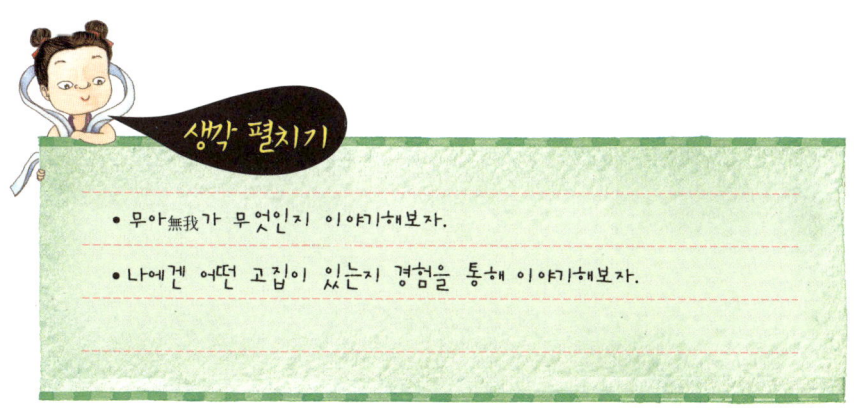

생각 펼치기

- 무아無我가 무엇인지 이야기해보자.
- 나에겐 어떤 고집이 있는지 경험을 통해 이야기해보자.

지혜 BOX

비워야 채워지는 법

수덕사에 만공 스님이라는 분이 계셨다. 서울의 한 대학교수는 너무도 유명한 만공 스님의 명성을 듣고 만공 스님의 식견이 어느 정도인지 궁금했다. 그래서 그 교수는 만공 스님을 찾아뵈었다. 인사를 마친 교수는 자신의 지식과 경험을 총동원해 자신의 견해를 논리적으로 피력하고 이에 대한 스님의 생각을 물었다. 만공 스님은 빙그레 웃으실 뿐 말이 없었다. 그리곤 마주 앉아 차를 권했다. 그런데 만공 스님은 교수의 찻잔에 찻물이 넘치는데도 계속 차를 따랐다. 놀란 교수가 말했다.

"스님, 잔이 찼습니다. 계속 따르시면 어떡합니까?"

이에 만공 스님께서 말씀하셨다.

"교수님도 마찬가집니다. 이미 가득 채워 오시고선 저더러 또 더하라 하면 어떡합니까?"

만공 스님 1871~1946

속명은 도암, 법명은 월면, 호는 만공이다. 속성은 송씨로 조선 말기 고종 2년에 태어났다. 1883년 공주 동학사에서 출가해 그다음 해인 1884년에 서산 천장사에서 사미십계를 받아 득도했다. 1900년대에 선불교 중흥에 이바지했으며, 1920년에 선학원을 설립했다. 세수 75세 법랍 62세로 1946년 10월에 입적했다.

지혜 BOX

사법인 四法印

사법인이란 네 가지 변하지 않는 진리라는 의미다.

첫째, 모든 것은 고정됨이 없이 끝없이 변한다.
　　　이를 제행무상諸行無常이라 한다.
둘째, 모든 것은 고정된 실체가 없다.
　　　이를 제법무아諸法無我라 한다.
셋째, 모든 것이 무상하게 변하는데 그것을 모르고 고정된 것처럼
　　　집착하므로 고통이 발생한다. 이를 일체개고一切皆苦라 한다.
넷째, 집착을 내려놓으면 모든 번뇌가 사라져 고요한 평화와 행복이 찾아든다.
　　　이것을 열반적정涅槃寂靜이라 한다.

마음은 어떤 모습을 하고 있을까

<mark>마음 작용이 일어나니 온갖 삼라만상이 생겨나고
마음 작용을 멈추나니 온갖 삼라만상이 사라진다.</mark>
― 원효대사

마음이란

'마음이란 무엇일까?'라는 질문에 대한 대답은 다양하다. 대답이 다양한 이유는 이 물음이 쉽게 대답할 수 없기 때문일지도 모른다. '마음이 어디에 있느냐?'는 질문에 어떤 이는 머리를 가리키기도 하고, 어떤 이는 심장을 가리키기도 한다. 어떤 이는 몸과 대비되는 정신 작용을 마음이라 부르기도 하고, 어떤 이는 이성과 대비되는 감성을 마음이라 부르기도 한다.

불교에서 말하는 마음은 육체와 정신, 감성과 이성을 아우르는 말이다. 불교에서는 모든 정신적 육체적 작용, 우리가 인지하는 경험의 세계 전체를 마음이라 부른다.

마음은 어떤 구조로 이루어져 있을까?

유식학파에서는 마음을 여덟 종류의 식으로 분류해 설명한다. 그 여덟 가지란 안식眼識, 이식耳識, 비식鼻識, 설식舌識, 신식身識, 의식意識, 말나식末那識, 아뢰야식阿賴耶識이다.

안식이란 눈을 통해 빛깔을 감지하는 마음의 작용이다. 이식이란 귀를 통해 소리를 감지하는 마음의 작용이다. 비식이란 코를 통해 냄새를 감시하는 마음의 작용이다. 설식이란 혀로 맛을 감지하는 마음의 작용이다. 신식이란 피부를 통해 촉감을 감지하는 마음의 작용이다. 오감五感에 해당하는 이 다섯 가지는 가장 기초적이고 우선적으로 발생하는 인식으로써 이를 묶어 전오식前五識이라 한다.

의식이란 의근意根을 통해 법法, 즉 개념을 인식하고 기억하고 판단하고 추리하는 마음의 작용이다. 말나식이란 항상 번뇌와 망상을 일으켜 모든 경험을 내 경험으로 집착하는 마음의 작용이다. 아뢰야식이란 마치 곡식 창고에 씨앗을 저장하듯 모든 경험의 결과를 저장하는 곳이다.

여덟 가지 마음은 서로 어떤 관계가 있을까?

예를 들어 다음을 상상해보자.

방에 다섯 개의 창문이 있는데 가운데 한 사람이 있고, 이 사람은 다섯 창문을 통해서만 외부와 소통할 수 있다. 그 방 한쪽엔 늘 먼지가 가득한 작은 문이 하나 있고, 그 문을 열고 들어가면 어마어마하게 큰 도서관이 나온다. 창문을 통해 밖을 살피기 좋아하는 이 사람은 자기가 본 풍경, 들은 소리, 맡은 냄새, 먹어본 맛, 만져본 촉감을 끊임없이 기록한다. 자기가 경험한 것을 어떻게 기록해야 할 지 애매할 때에는 작은 문을 열고 도서관으로 들어가 관련 자료를 뒤지는데, 이때 문의 먼지가 도서관의 자료에 묻는다.

그러고는 다시 작은 문을 통해 방으로 돌아와 자료를 바탕으로 다섯 창문을 자세히 살피는데, 이때 문에 묻었던 먼지가 창문에 얼룩진다. 그 사람은 그렇게 경험 기록 일지가 쌓이면 다시 작은 문을 통해 도서관에 기록 일지를 보관하는데 이때 문의 먼지가 자신의 기록에 묻는다. 이렇게 오랜 세월 반복했다.

이때 집은 곧 마음 전체를 비유한 것이고, 다섯 개의 창문은 시각, 청각, 후각, 미각, 촉각을 비유한 것이다. 그리고 방 한가운데 있는 사람은 의식, 늘 먼지가 가득한 작은 문은 말나식, 어마어마하게 큰 도서관은 아뢰야식을 비유한 것이다.

여덟 가지 마음 가운데 가장 활발하게 움직이는 것은 의식이다. 의식은 오감을 통해 외부 세계를 인식하는데, 오감을 그대로 받아들이지 않고 개념화해서 받아들인다. 이 과정에서 실제로 오감은 많은 부분 왜곡되고 변질된다.

예를 들면, 인간의 시각으로 파악하는 개나리꽃의 노란색과 병아리의 노란색과 물감의 노란색은 분명히 다르다. 그렇지만 언어화할 때는 노란색이라는 하나의 단어로 표현한다. 언어에 바탕을 둔 의식은 기억하고 판단하고 추리한다. 마치 창문을 통해 감지한 것을 기록하는 방 안의 사람처럼.

인간의 여덟 가지 마음 가운데 가장 큰 문제를 일으키는 것은 말나식이다. 말나식은 오감과 아뢰야식 사이를 드나드는 의식에 아집이라는 때를 잔뜩 묻힌다. 말나식은 오감과 의식의 경험을 나의 경험으로 여겨 취사선택하고, 아뢰야식의 수많은 정보 역시 나의 입맛에 맞는 것만 골라서 이용한다.

이 과정에서 오감의 수많은 정보와 의식이 왜곡되고 감히 상상할 수도 없을 만큼 방대한 아뢰야식의 정보가 사장된다. 아뢰야식엔 부처님처럼 모든 번뇌를 벗어날 수 있는 지혜의 종자도 저장되어 있고, 모든 이를 해탈의 세계로 이끌 수 있는 뛰어난 능력의 종자도 저장되어 있다.

마음의 무한한 능력

마음을 깨끗이 한다는 것은 말나식의 아집이라는 먼지를 털어내는 것이다. 그때 비로소 가려지고 왜곡되었던 정보가 조금씩 그 모습을 드러낸다. 경전 곳곳에 보통 인간의 능력을 뛰어넘는 신통력에 관한 이야기가 나온다. 이는 거짓이 아니다. 부산하게 도서관과 창문 사이를 뛰어다니며 먼지를 묻히던 의식이 걸음을 멈추는 것이 선정禪定이다. 이렇게 고요한 선정에 들어 조심스런 발걸음으로 지나온 길을 하나하나 살필 때 모든 것이 아집이란 먼지 때문에 발생한 것임을 발견한다.

창밖의 흐린 풍경은 날씨 때문이 아니라 얼룩진 먼지로 흐렸던 창문 때문이다. 그렇게 면밀히 살펴 먼지를 조심스럽게 닦아낼 때 이전에는 알지 못했던 새로운 세계가 열린다. 최면에 들어 오래전 일을 조금 전 일처럼 기억하고, 무심하게 스쳐간 일까지 세밀히 기억하는 것을 대중매체에서 본 적이 있을 것이다. 그런 현상 역시 최면술사의 유도로 일종의 선정 상태에 들었을 때 나타나는 현상이다. 불교에서는 그런 일이 전혀 놀랄만한 일이 아님을 오래전부터 설명했다.

아집의 먼지를 제거할 때, 이전과는 비교할 수 없을 만큼 예민한 감각의 영역이 열리고, 이전과는 비교할 수 없을 만큼 뛰어난 사고 능력이 발휘되며, 나와 남을 나누고 저울질하던 마음은 눈 녹듯 사라지고, 상상도 못했던 지혜와 능력이 샘솟게 된다.

흔히 학문이나 예술, 스포츠 등 한 분야에서 발군의 역량을 발휘하는 사람을 부러워한다. 그리고 그런 능력은 일부 선택된 사람만 타고나는 재능처럼 생각한다. 하지만 불교에서는 그렇게 말하지 않는다. 본래 인간은 누구나 상상을 초월하는 능력이 있다. 다만 능력을 스스로 제한하고 왜곡시킬 뿐이다.

맞을까, 틀릴까, 이렇게 할까, 저렇게 할까, 이렇게 될까, 저러면 어쩌지 등 폭풍이 몰아치는 숲 속의 원숭이처럼 의식은 잠시도 가만히 있질 못한다. 발걸음을 멈추고, 호흡을 가다듬고, 의식의 움직임을 쉬고, 오감의 창문을 활짝 열고, 마음 깊은 곳을 들여다보아야 한다. 그곳엔 내가 생각했던 것보다 훨씬 뛰어나고 훌륭한 능력이 숨겨져 있다.

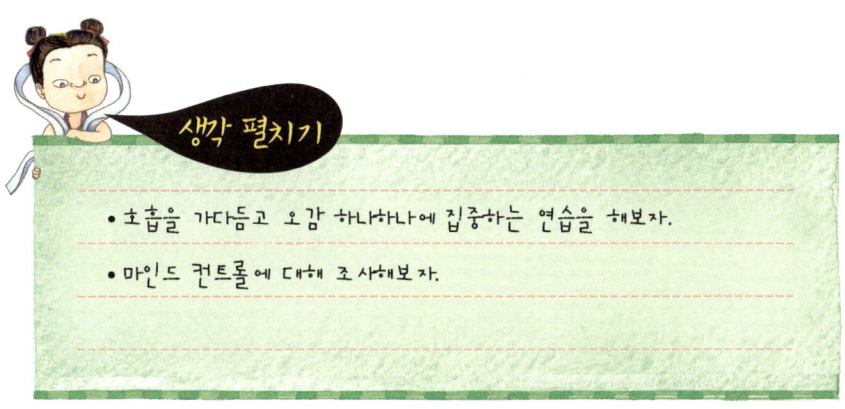

- 호흡을 가다듬고 오감 하나하나에 집중하는 연습을 해보자.
- 마인드 컨트롤에 대해 조사해보자.

지혜 BOX

마음의 구조

구분	육경 인식대상	육근 인식기관	육식 인식작용경	역할
전오식	물질 색 소리 성 냄새 향 맛 미 촉감 촉	눈 안 귀 이 코 비 혀 설 피부 신	안식 시각작용 이식 청각작용 비식 후각작용 설식 미각작용 신식 촉각작용	• 감각에 의한 인식 작용 • 찰나적 변화
제육식	이치나 의식의 대상	뇌 의	의식 판단작용	• 이성에 의한 인식 작용 • 오감을 통해 보고 느낀 작용을 기억하고 통합하며 판단하는 마음 작용
제칠식	말나식 자아의식			• 자기중심적 사고 작용 • 모든 생각과 판단을 자기 입장에서 바라봄
제팔식	아뢰야식 잠재의식, 무의식			• 마음의 근본으로 마음을 지배함 • 마음의 저장 창고 • 윤회의 씨앗

아름답게 사랑하는 법

> 보살이 청정한 행을 갖추려면 모든 생명을 사랑하고[慈],
> 불쌍히 여기는 마음을 지니고[悲], 그들과 더불어 기뻐하며[喜],
> 평등한 마음을 살피고 나누는[捨], 네 가지 한량없는 마음을 닦아야 한다.
> 『열반경』

사랑의 속성

주변에서 '사랑해'라는 말을 곧잘 듣는다. 그 말이 내게 하는 말이건 다른 사람에게 하는 말이건 아니면 TV에서 흘러나오는 말이건 이 말은 사람의 마음을 뭉클하게 하는 힘이 있다. 하지만 때로 사랑이라는 이름으로 행해지는 여러 형태의 폭력도 목격한다. 사랑한다면서 괴롭히고, 아프게 하고, 원망하게 하며 또 스스로 괴로워하고, 고통스러워하고, 원망하는 경우를 종종 본다. 사랑해라는 말의 따뜻함만큼 그 결과도 행복하고 아름다워지려면 진정한 사랑이 무엇인지 깊이 생각해야 한다.

사랑한다고 말하면서 상대가 가진 무엇을 사랑하는 경우가 있다. 상대의 아름다움이라든지, 재능이라든지, 명예나 부를 사랑하는 경우가 있다. 이런 사랑은 아름다움, 재능, 명예와 부가 사라지면 그 사랑도 따라서 자취를 감춘다. 이런 사랑은 상대를 사랑한 것이 아니라 상대가 가진 무엇을 사랑한 것이고, 그 결말은 곧 슬픔과 고통이다.

사랑한다고 말하면서 내 뜻대로 될 때만 사랑하는 경우가 있다. '당신이 내 말대로 하면 나도 당신을 사랑해 / 당신이 열심히 돈을 벌어오면 나는 당신을 사랑해 / 당신이 나를 사랑하면 나도 당신을 사랑해'라고 생각하고 말하는 경우가 있다. 이런 사랑은 조건부 사랑이다. 조건이 충족되지 않으면 언제든 뒤돌아서고 남겨진 자에겐 쓰라린 상처와 고통만 따르는 사랑이다.

욕심을 채우려고 누군가를 사랑하는 것은 모두 애착이고 집착이며, 그 결과는 처절한 고통과 눈물이다. '우리 사랑이 영원하기를…'이라고 약속하지만 그 약속은 스쳐가는 바람을 붙잡아두려는 것만큼 부질없다. 내가 사랑하는 그녀는 영원히 머물러주질 않고, 영원히 사랑할 것 같던 내 마음 역시 때가 되면 거짓말처럼 뒤돌아선다. 부처님께서는 아픔, 쓰라림, 분노 그리고 회한의 결과를 남기는 이런 사랑은 멀리해야 한다고 말씀하셨다.

참된 사랑

부처님께서는 자慈, 비悲, 희喜, 사捨의 네 가지 한량없는 마음, 즉 사무량심四無量心을 참된 사랑이라 하셨다.

'자'란 보살피는 마음이다. 부모가 자식을 보살피고 스승이 제자를 보살피듯, 또 자식이 부모를 봉양하고 제자가 스승을 존경하듯 서로를

아끼고 사랑하며 따뜻하게 보살피는 것이다. 부모는 내 자식이 다른 아이보다 못생기거나 부족하다고 그 사랑을 줄이지 않는다. 환갑이 넘은 아들의 외출에 팔순의 노모는 차 조심하라는 당부를 한다. 이렇게 늘 염려하고 보살피는 마음이 참된 사랑의 마음이다. 부족한 것은 없는지, 도와야 할 부분은 없는지 늘 살피며 사랑하는 이에게 필요한 것을 때맞춰 공급해 주어야 한다. 또한 화사한 얼굴과 온화한 말씨로 상대하며 마음을 편안하게 하고, 걱정하는 일이 없게 해야 한다. 이것이 참된 사랑이다.

'비'란 가엾이 여기는 마음이다. 가난과 굶주림, 질병과 재난으로 고통받는 사람이 있으면 그 사람의 고통을 외면하지 말고 도와주어야 한다. 상대의 고통을 없애려면 먼저 그를 가엾이 여기는 연민의 마음이 있어야 한다. 상대를 미워하는 마음이 있으면 그 사람의 고통을 없앨 수 없다. 마치 왼손의 상처를 오른손이 감싸듯, 병든 아이의 머리맡을 떠나지 못하는 어머니처럼 사랑하는 이의 아픔을 덜어주어야 한다. 이것이 참된 사랑이다.

'희'란 타인의 즐거움을 같이 기뻐하는 마음이다. 기쁨은 나눌수록 커지고 슬픔은 나눌수록 적어진다고 했다. 좋은 일을 함께 기뻐하고 격려할 때, 그 사랑과 우정은 굳건하고 아름다워진다. 나날이 치열해지는 경쟁 속에 살아가는 현대인은 타인을 격려하는 일에 너무도 인색하다. 게다가 타인의 잘못은 자그마한 것도 크게 부풀려 떠들고, 자기 잘못엔 너무도

관대한 것이 작금의 현실이다. 참된 사랑은 타인의 잘못을 오뉴월 훈풍처럼 감싸주고 자신의 잘못은 추상처럼 뉘우치는 것이다.

'샤'란 평등한 마음이다. 누구를 더 사랑하고 누구는 덜 사랑하는 친소親疏의 마음을 가지지 않는 것이다. 나를 칭찬하는 사람이건 나를 비난하는 사람이건 그들을 늘 보살피고 불쌍히 여기는 것이 진정한 사랑이다.

집착과 탐욕으로 가득한 사랑도 첫인상은 아름답다. 하지만 뒷모습까지 아름답긴 어렵다. 부처님의 제자라면 돌아볼수록 아름다운 사랑을 해야 한다.

생각 펼치기

- 좋지 못한 결과를 가져온 사랑의 경험이 있다면 이야기해보자.
- 내가 실천할 수 있는 사무량심에 대해 이야기해보자.

나를 찾는 법

==자기야말로 자신의 주인, 어떤 주인이 따로 있을까. 자기를 잘 다룰 때 얻기 힘든 주인을 얻으리라.==

『법구경』

무엇이 가장 소중한가

부처님께서 깨달음을 이루시고 얼마 되지 않았을 때의 일이다. 숲 속에서 선정에 드셨는데 그때, 한 무리의 귀족 남녀가 숲으로 야유회를 나왔다. 그들은 남녀 짝을 지어 즐겁게 소풍을 즐기고 있었다. 그중 야사耶舍라는 사람은 부인이 없어서 기녀를 데려와 함께 어울렸다. 그런데 그 여인은 행실이 좋지 못한 사람이었다. 그녀는 사람들이 마시는 음료수에 수면제를 타 모두 잠들게 한 후 귀금속을 훔쳐 몰래 달아났다. 해 질 녘에야 깨어난 사람들은 그 여인을 찾아 숲을 헤맸다. 그러다 나무 아래에서 좌선하고 계신 부처님을 만났다. 야사가 다급한 목소리로 물었다.

"수행자여, 보석을 움켜쥐고 이쪽으로 달아나는 여자를 보지 못하셨습니까?"

부처님께서 말씀하셨다.

"젊은이여, 잃어버린 보석을 찾는 일이 중요한가, 잃어버린 그대 자신을 찾는 일이 더 중요한가?"

야사는 그 일로 부처님의 가르침을 듣고 출가하여 부처님의 제자가 되었다고 한다.

세상에서 무엇이 가장 소중할까? 냉정하게 되돌아볼 때 자신보다 소중한 것은 이 세상에 없다. 주변을 에워싼 환경이 극락이고, 주변에 둘러선 사람들이 모두 행복한 사람들이라 해도 내가 괴로우면 그 곳은 지옥이나 다름없다. 또한 자신을 사랑할 줄 아는 사람이라야 다른 사람도 사랑할 수 있고, 자신을 소중히 여길 줄 아는 사람이라야 다른 사람도 소중히 여기며 보호할 수 있다. 자신을 미워하고 증오하는 사람은 세상을 향해서도 분노와 폭력을 휘두르기 마련이다.

진정으로 자신을 사랑하는 길

자신을 소중히 생각한다면 무엇이 진정으로 나를 행복하게 하는지 지혜롭게 살펴야 한다. 그리고 용맹하게 실천하여 스스로 편안하고 안락한 세계로 이끌어야 한다. 자신을 소중히 생각하지 않으면 지혜롭게 살피지 않고 순간의 욕망과 분노에 떠밀리게 된다. 그리고 자신을 파멸의 구렁텅이로 몰아넣는다.

부처님께서 사위성 기원정사에 계실 때였다. 코살라국의 파사익 왕이 부처님을 찾아와 여쭈었다.

"부처님, 무엇이 자신을 소중히 여기는 것이고, 무엇이 자신을 소중히 여기지 않는 것입니까?"

부처님께서 파사익 왕에게 말씀하셨다.

"만약 몸으로 나쁜 짓을 하고, 입으로 나쁜 말을 하며, 마음속에 나쁜 생각을 품는다면 그는 자신을 소중히 여기지 않는 것입니다. 설사 자신을 사랑한다고 말하더라도 사실은 자신을 아끼고 사랑하지 않는 것입니다. 훌륭한 행동을 하고, 착한 말을 하며, 좋은 생각을 품는 것이야말로 진실로 자신을 아끼고 사랑하는 것입니다."

마음에 드는 것이 있을 때, 타인에게 아픔을 주더라도 차지하는 것이 자신을 위하는 것이라고 착각하는 사람들이 있다. 하지만 그렇게 키운 욕심은 풍선처럼 부풀어 결국 터진다. 치미는 분노를 속 시원하게 분출하는 것이 자신을 위하는 것이라 착각하는 사람들이 있다. 하지만 투쟁은 새로운 투쟁을 낳을 뿐 결코 평화를 가져오지 않는다. 잠시의 안락이 자신을 위하는 것이라 착각하는 사람들이 있다. 하지만 한 치 앞도 보지 못하는 무지를 해결하지 않은 채 현실을 외면하고 도피하는 행위는 풀숲에 머리를 처박는 꿩처럼 어리석은 짓이다.

이런 행동을 어떻게 자신을 위하는 것이라 하겠는가? 그런 생각은 결국 자신을 고통의 길로 이끌 뿐이다. 고통은 나날이 줄어들고 즐거움은 나날이 늘어나며, 악은 나날이 줄어들고 선은 나날이 늘어나는 길로 자신을 이끌어야 할 것이다.

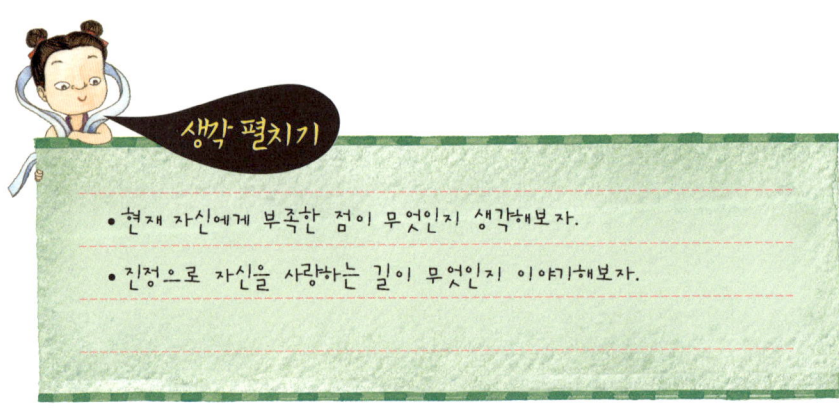

- 현재 자신에게 부족한 점이 무엇인지 생각해보자.
- 진정으로 자신을 사랑하는 길이 무엇인지 이야기해보자.

친구와 잘 지내는 법

진실한 말은 감로수와 같아서 모든 사람을 이롭게 한다.
그러나 거짓말은 독약과 같아서 자신을 해칠 뿐만 아니라 남도 해쳐서 편할 날이 없다.

「묘법염처경」

한몸, 한마음

인간은 사회적 동물이다. 인간이 겪는 고통을 살펴보면 생명체가 가지는 한계에서 오는 것도 있지만 많은 부분 사람과 사람 사이의 관계, 즉 인간관계에서 발생한다.

경쟁과 대립이 나날이 심해지고 극도의 이기주의가 판을 치는 현대사회에서 사람과 사람의 관계는 우호와 협력이기보다 대립과 투쟁의 양상을 보인다. 보다 바람직한 인간관계의 회복을 위해 공동체의 일원으로서 가져야 할 덕목에는 무엇이 있는지 알아보자.

부처님께서는 사람을 대할 때 자비와 존중의 자세로 대하셨다. 늘 사랑하고 아끼는 마음으로 상대를 바라보고, 늘 상대방의 주장과 신념을 존중하는 모습을 보이셨다. 아무리 비천한 신분의 사람이라 할지라도 그를 대하는 부처님의 태도는 왕을 마주한 모습과 크게 다르지 않았다. 오히려 극심한 고난과 고통을 겪는 사람, 배우지 못하고 사회적 신분이 낮은 사람들에게 더 깊은 애정과 세심한 배려를 하는 모습을 경전 곳곳에서 발견할 수 있다.

부처님의 이런 자세는 어디서 나오는 것일까? 흔히 동체대비同體大悲라는 말을 한다. 동체란 나와 너를 비롯해 이 세상 일체 존재는 생명과 체온을 함께하는 한몸이라는 뜻이다. 대비는 이런 하나의 생명체라는 자각에서 자연스럽게 일어나는 끝없는 사랑과 연민을 말한다.

발가락에 가시가 박히면 저절로 눈물이 흐르고, 입에서 아픔의 소리가 나오며, 손은 그 상처를 향해 뻗어진다. 왜 그럴까? 한몸이기 때문이다. 아집과 편견 탓에 나와 너, 이것과 저것, 높고 낮은 것을 나누고 있지만 진실에 눈을 뜨면 온 우주는 섬세하게 연결된 하나의 생명체이다. 어떻게 나의 아픔과 너의 아픔이 따로 있을 수 있겠는가? 인류가 시급히 회복해야 할 것 중 하나가 바로 이 공동체 의식이다.

아름다운 인간관계

혼자서는 절대 행복한 삶을 살 수 없다. 왜냐하면 삶은 홀로 유지할 수 없기 때문이다. 삶은 수없이 많은 존재와 관계되고, 앞으로도 관계될 것이기 때문이다. 따라서 행복한 세상을 위해 서로 신뢰하고 의지하며 협력하는 공동체 의식은 인류 공통의 과제라 할 수 있다. 공동체의 일원으로 아름다운 인간관계를 만들어 나가려면 보시섭布施攝, 애어섭愛語攝, 이행섭利行攝, 동사섭同事攝의 네 가지 덕목이 필요하다. 이것을 사섭법四攝法이라 한다.

보시섭은 사랑하는 사람에겐 보살피는 마음으로, 가련한 사람에겐 불쌍히 여기는 마음으로, 훌륭한 사람에겐 존경의 마음으로 물질과 지혜를 베푸는 것을 말한다. 이렇게 물질과 지혜를 함께 나눔으로써 공동체는 더욱 건강해지고 인간관계는 보다 바람직한 방향으로 개선된다.

애어섭은 항상 사랑스럽고 부드러운 말을 사용하는 것이다. 늘 온화한 말로 다툼에서 화해를 이끌어내고 불안에서 평안으로 이끄는 것이 애어이다. 설령 상대가 나에게 아픔을 주고, 나를 비난하더라도 그에게 부드럽고 온화한 말씨를 잃지 않는 자세를 가져야 한다. 이럴 때 공동체는 더욱 건강해지고 인간관계는 보다 바람직한 방향으로 개선된다.

이행섭은 주변을 유익하게 하는 것이다. 상대를 돕는 것이 곧 나를 돕는 것임을 깨닫고, 이익을 함께해야 한다. 이익을 독차지하려는 사람이 적어질 때 공동체는 더욱 건강해지고 인간관계는 보다 바람직한 방향으로 개선된다.

동사섭은 나의 일과 너의 일을 구분하지 않고 무엇이든 함께하는 것이다. 절에선 아침이면 어른 스님부터 갓 출가한 스님까지 모두 똑같이 빗자루를 들고 울력을 한다. 아무리 사소한 일이라도 함께하려는 이런 자세가 공동체를 더욱 건강하게 만들고 인간관계를 보다 바람직한 방향으로 개선하는 것이다.

아름다운 삶, 행복한 마음

우리 몸의 주인은 누굴까? 눈이 주인일까, 코가 주인일까, 손이 주인일까, 발이 주인일까? 한몸 가운데서는 누가 주인이고 누가 하인이랄 것이 없다. 무엇은 높고 무엇은 낮다고 할 것이 없다. 눈이 탈이 나건, 발이 탈이 나건 그것은 곧 몸 전체가 탈이 나는 것이다. 모든 것 하나하나가 그만큼 소중한 것이다. 세상도 마찬가지다. 세상의 주인은 따로 있지 않다. 모든 존재가 소중하고 모든 존재가 아름다운 공동체를 일구는 중심에 서 있다. 부처님의 가르침을 실천하는 작은 지도자가 많아질 때, 우리가 사는 이 공동체는 더욱 밝아지고 깨끗해지고 행복해질 것이다.

- 내가 실천할 수 있는 사섭법의 구체적인 예를 이야기해보자.
- 아름다운 공동체를 만들기 위해 내가 할 수 있는 역할을 생각해보자.

화합을 위한 여섯 가지 덕목 **육화경**六和敬

1. **신화경**身和敬   함께 생활하는 사람은 행동을 같이하며 서로를 기쁘게 해야 한다.
2. **구화경**口和敬   함께 생활하는 사람은 항상 자비롭게 말하며 다투지 말아야 한다.
3. **의화경**意和敬   함께 생활하는 사람은 의견과 충고를 존중하며 받아들여야 한다.
4. **계화경**戒和敬   함께 생활하는 사람은 공동체 규약을 지키며 깨트리지 말아야 한다.
5. **견화경**見和敬   함께 생활하는 사람은 공동체 목표에 공감하고 함께 나아가야 한다.
6. **이화경**利和敬   함께 생활하는 사람은 이익을 균등하게 분배해야 한다.

#05
세계 속 불교

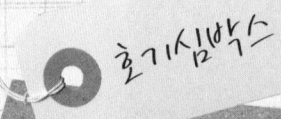

★ 한국에 불교가 전래한 과정과 특징을 살펴보고, 한국불교가 우리 삶에 미친 영향을 알아보자.

★ 청소년 불자로서 불교 역사를 바르게 이해하여 바람직한 불교의 미래상을 찾아보자.

★ 오늘날 불교가 세계인의 관심을 받는 이유를 알아보고, 한국불교를 세계화하는 방안에 대해서 생각해보자.

한국불교가 걸어온 길

무소의 뿔처럼 혼자서 가라. 그러나 그대가 현명하고 잘 화합하여
행실이 올바르고 지혜로운 동반자를 얻게 되면 모든 재난을 극복할 수 있으리니
기쁜 마음으로 생각을 가다듬고 그와 함께 걸어가라.

『숫타니파타』

불교의 전래와 수용

불교가 이 땅에 들어온 지 1,700여 년이 흘렀다. 불교는 유구한 세월 동안 이 땅의 산과 들을 기름지게 가꾸었으며 사람들에게 평화와 안심 그리고 진정한 행복을 심어주었다. 그리하여 이 땅에는 아름다운 문화의 꽃이 피어났으며 정신은 찬란한 새벽을 맞이했다. 불교가 한반도에 전래된 것은 삼국시대이다.

『삼국유사三國遺事』와『삼국사기三國史記』를 보면, 고구려는 중국의 전진을 통해 소수림왕 때372년, 백제는 동진에서 침류왕 때384년 불교를 받아들였다. 신라는 삼국 중에서 불교가 가장 늦게 전파되었는데, 눌지왕 때 불교가 들어왔으나 씨족 중심 귀족들의 거센 반발로 실패를 거듭했다. 후에 법흥왕 14년527년에 신라의 승려인 이차돈異次頓의 순교를 계기로 공식적으로 공인되면서 급속히 발전했다. 이차돈은 한국불교 역사상 최초의 순교자이다.

세계 속 불교 155

가야는 시기와 그 경로가 분명하지 않지만, 『삼국유사』에 수록된 「가락국기」를 보면 가야가 세워진 다음에 인도 출신인 수로왕의 부인 허 황후가 불교를 전했다는 기록이 있다.

이 시기에 불교는 새로운 국가 정신의 확립에 이바지하고 강화된 왕권을 이념적으로 뒷받침하는 역할을 했을 뿐만 아니라, 많은 구법승이 인도와 당나라에 유학하여 불교 사상을 체계적으로 도입했다.

또 불교 사상만이 아니라 음악, 미술, 건축, 공예, 의학 등 선진 문화도 폭넓게 수용하여 새로운 문화 창조에도 중요한 역할을 했다.

❖ 삼국유사와 삼국사기

『삼국유사』는 5권 3책이며, 고려후기 충렬왕 11년1285에 고승 일연一然이 편찬한 역사서이다. 단군, 기자, 대방, 부여의 사적史跡과 고구려, 백제, 신라의 역사를 기록했다. 또한 불교에 관한 기사와 신화, 전설, 시가 등을 풍부하게 수록했다. 아쉽게도 오늘날 원판은 전하지 않고, 조선 중종 7년1512에 재간한 것이 전한다.

『삼국사기』는 50권 10책이며, 고려 인종 23년1145에 김부식이 고구려, 백제, 신라 삼국의 정치적인 흥망과 변천을 중심으로 기전체로 편찬한 역사서이다. 삼국사기는 본기本紀, 연표年表, 지류志類 및 열전列傳으로 구성되어 있다.

『삼국유사』와 『삼국사기』는 우리나라에서 현존하는 가장 오래된 역사책이다.

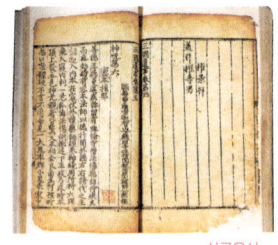

삼국유사

한국불교의 특징

한국불교는 중국을 통해 전래되었지만 부처님 사상을 충실히 받들면서도 나름의 독창성과 주체성을 지닌다.

대표적인 예로 신라의 불연국토설佛緣國土說을 들 수 있다. 우리나라가 부처님과 인연이 깊은 땅이라는 것이다. 이러한 사상은 당시 많은 사람에게 긍지와 자부심을 가지고 불교에 귀의할 수 있도록 했다. 지금도 우리나라 사찰들의 창건 설화나 산과 강, 지명 등에 불보살님의 이름이 남아있는 것에서 그러한 모습을 잘 알 수 있다.

중국불교가 불교 사상을 나름의 해석을 중심으로 독자적인 수행 체계와 교단 조직을 수립한 종파 불교로서 발전했던데 반해, 한국불교는 그 같은 종파 불교를 계승하면서도 다시 그들 사이의 화해와 융합을 시도했다.

대표적인 예가 신라시대 원효대사의 화쟁사상和諍思想이다. 화쟁이란 분열과 대립에서 조화와 통일을 지향하는 것이다. 갖가지 종파로 대립하는 불교의 여러 사상을 하나의 맛으로 꿰뚫는 상생의 철학이다. 원효대사는 이러한 화쟁의 논리를 세워 불교를 어느 한 종파에 치우치지 않고 더욱 높은 차원에서 하나로 종합하는 사상 체계를 확립했다. 그리고 이 같은 전통은 다시 고려시대 보조국사 지눌대사의 정혜쌍수定慧雙修와 조선시대 서산 휴정대사의 교선일치사상教禪一致思想으로 이어졌다.

선禪을 중심으로 여러 가지 불교의 교리와 수행이 한맛으로 연결되어 아름다운 질서를 형성했던 것이다. 이러한 화쟁사상은 오늘날 한국불교가 선과 교, 염불, 진언 등을 별다른 무리 없이 아울러서 수행하게 할 뿐만

아니라, 고유 신앙과 불교가 어우러지는데 결정적인 역할을 담당하였다. 그리고 이념적, 사회적, 정치적 혼란을 극복하고 미래 통일시대의 화합을 지향하는 대안적 가치관으로 대단히 중요한 의미가 있다고 할 수 있다.

또한 한국불교의 정치적, 사회적 특징은 호국 불교라고 할 수 있다. 불교가 처음 전래되면서 왕실의 귀의를 받아 호국적인 성격이 강한 것도 있지만, 불연국토설에 의해 부처님과 인연이 깊은 땅을 스스로 지켜내려는 불자들의 적극적인 마음가짐을 엿볼 수 있다.

대표적인 사례가 국가적 의식으로 행해진 백고좌법회百高座法會, 팔관재회八關齋會, 원광 스님의 세속오계世俗五戒라고 할 수 있다.

백고좌법회는 일백의 덕 높은 고승을 초청해 법문을 베풀어 국가의 안녕과 평화를 빌었던 의식이고, 팔관재회는 재가자들이 하루 동안 여덟 가지 계를 지킬 것을 맹세하면서 국가의 평화를 기원하고 국가를 위해 순직한 전몰장병의 넋을 추모하는 행사로, 그곳에 모인 사람들이 함께 어울려 축제의 장을 열었다. 이러한 불교 행사를 국가적 명절로 치러 국가는 국민의 단합을 도모했으며 국민은 나라의 발전과 안녕을 빌었다.

세속오계는 신라 진평왕 때 원광 스님이 정한 것으로 화랑이 지켜야 할 다섯 가지 계율로, 사군이충事君以忠, 사친이효事親以孝, 교우이신交友以信, 임전무퇴臨戰無退, 살생유택殺生有擇을 말한다.

이러한 호국 불교적인 전통이 계속 이어져 고려시대에는 몽골의 침략 하에서 팔만대장경을 조판하여 민족의 정신적 통일과 단결을 도모했으며, 조선시대에는 일본의 침략에도 서산 휴정대사, 사명 유정대사 등의 승병

활동으로 나라를 구하는데 앞장섰다. 또한 개화기를 비롯한 일제강점기에는 불교를 개혁하고 불교의 현실 참여를 주장하였으며, 불교를 통한 청년 운동을 강화한 「님의 침묵」의 시로 유명한 한용운 스님과 일제강점기의 기독교의 급속한 발전에 대해 『귀원정종歸源正宗』으로 최초의 체계적인 대응을 한 백용성 스님 등이 3·1운동에 가담하여 민족의 정기를 바로 세우는데 중추적인 역할을 하기도 했다.

불교가 우리 삶에 미친 영향

이 밖에도 한국불교는 역사와 국민의 삶에 많은 영향을 주었다. 자연신을 섬기는 우리 민족에게 지혜의 눈을 뜨게 하고, 맹목적으로 복을 비는 우리 조상에게 고요한 마음가짐과 올바른 행동의 중요

태안반도 기름 제거 자원봉사

성을 일깨웠다. 몸과 마음으로 믿고 받들어 수행하면 복이 온다는 가르침을 전파했던 것이다. 불교는 이 세상의 모든 것이 서로 밀접한 관계를 지니고 있다는 연기의 가르침과 자신을 허공처럼 비우는 무아의 가르침을 통해 화합과 상생의 가르침을 가르쳐주었다.

한국인에게 불교는 선조의 문화와 사상, 얼을 찾는 것이다. 국적 없는 외국 문물이 요동치는 세상에서 우리의 전통문화를 새롭게 발전시키는 길이다.

불교가 신라인에게 통일의 이상을 제시하고, 그 방법과 수단을 준비할 수 있게 했듯이, 불교 정신을 되살려 우리 민족을 세계 속의 한국으로 발전시키는데 앞장서자.

- 불교와 관련된 우리 고장의 산 이름, 강 이름, 지명 등을 조사하여 이야기해보자.
- 불교가 우리 삶에 미친 영향을 이야기해보자.
- 『삼국유사』를 읽고, 우리 역사에 대해서 이야기해보자.

 지혜 BOX

원효대사와 화쟁사상

원효대사 元曉, 617~686   원효대사는 신라 진평왕 39년에 지금의 경상북도 경산군 자인면에서 태어났다. 속성은 설씨이며 이름은 서당, 원효는 그의 법명이다. 신라의 승려로 우리나라 불교 역사상 가장 위대한 고승의 한 사람으로 한국은 물론 중국, 일본까지 널리 알려진 분이며, 학자로서 뿐만 아니라, '해동海東의 석가모니'라는 칭호를 받았던 원효대사는 평생 불교 사상의 융합과 그 실천에 힘썼으며, 『대승기신론소大乘起信論疏』, 『금강삼매경론金剛三昧經論』 등을 저술했다.

화쟁사상 和諍思想   화쟁사상은 특정한 교설이나 학설을 고집하지 않고 비판과 분석을 통해 보다 높은 가치를 이끌어 내는 원효대사의 근본 사상이다.

지혜바라밀

원효대사는 당시 이념과 학문의 대립으로 갈등을 겪던 중국불교의 흐름에서 벗어나 여러 종파의 사상을 지양하고 평상의 생활에서 모순과 대립을 떠나 하나로 화합하게 하는 화쟁의 논리를 통해 어느 한 쪽에 치우치지 않고 객관적 논리에 근거하여 종합과 회통을 추구하였다.

원효대사의 『대승기신론소』에 의하면, '마치 바람 때문에 고요한 바다에 파도가 일어나나 파도와 바다는 둘이 아니다. 우리의 일심一心에도 깨달음의 경지인 진여眞如와 무명無明이 동시에 있을 수 있으나 이 역시 둘이 아닌 하나이다'라고 하

지혜 BOX

여 화쟁의 원리가 잘 나타나 있다.

화쟁사상은 뒤에 중국과 일본불교에 큰 영향을 끼쳤으며, 한국불교의 뚜렷한 특징을 이루었다.

지눌대사와 정혜쌍수

지눌대사 知訥, 1158~1210   태고 보우국사와 더불어 대한불교조계종의 중흥조이신 보조국사 지눌대사는 고려의 승려로 속성이 정씨이며, 자호는 목우자牧牛子로 황해도 서흥에서 태어났다. 8세에 출가하여 1185년 예천 하가산 보문사에서 선의 가르침을 체험한 후, 팔공산 거조사에서 정혜결사를 하면서 『권수정혜결사문』을 발표하여 선풍을 새롭게 하고자 하였다. 그 뒤 지리산 상무주암에서 3년 동안 참선 정진하던 중 『대혜어록』을 보고 깨달음을 얻었다. 1200년 길상사(지금의 순천 송광사)에서 간화선을 최초로 소개하는 등 선법을 크게 폈다.

저서로는 『권수정혜결사문』, 『진심직설』, 『계초심학인문』, 『원돈성불론』, 『간화결의론』 등이 있으며, 선정과 지혜를 함께 닦는 수행법인 정혜쌍수를 내걸었다.

정혜결사

지혜 BOX

정혜쌍수定慧雙修 '정定'이란 선정禪定을 말한다. 그것은 명상을 통한 고요한 정신 집중이다. '혜慧'란 지혜를 말한다. 이 둘은 분리될 수 없다. 고요한 선정을 통해 지혜가 드러나기 때문이다. 그런데 지눌대사 이전에는 선정을 닦는 일과 지혜를 추구하는 일이 분리되어 전개되고 서로 대립하였다. 그래서 지눌대사는 선정과 지혜를 함께 닦아나가는 정혜쌍수를 주장하게 되었다.

휴정대사와 교선일치

휴정대사休靜, 1520~1604 서산대사라는 호로 잘 알려진 휴정대사는 조선시대의 승려로 속성이 최씨이며, 호는 청허清虛로 평안도 안주에서 태어났다.
출가 후 1549년 승과에 급제하고 선교양종판사가 되었지만, 1556년 선교양종판사직이 승려의 본분이 아님을 알고 자리에서 일어나 금강산, 두류산, 태백산, 오대산, 묘향산 등을 두루 돌아다니며 후학 지도와 수행에만 전념했다. 1592년 임진왜란이 일어나자 전국에 격문을 돌려 각처의 스님들이 나라를 지키는 일에 앞장서도록 했으며, 스스로 승병僧兵의 총수가 되어 수도를 수복하는 데 공을 세웠다.
또한 숭유억불의 상황에서 유儒, 불佛, 도道 삼교 통합과 선교일치를 주장하여 종교 간의 갈등과 대립에서 오는 국민의 정신적, 신앙적 혼미 상태를 해결하려고 노력했으며, 근세 한국불교의 맥을 잇게 하는 데 큰 역할을 했다. 저서로는 『청허당집』, 『선가귀감』 등이 있으며 한국 선시문학에 많은 영향을 끼쳤다.

지혜 BOX

교선일치|敎禪一致 교선일치란 교종敎宗과 선종禪宗으로 갈라져 대립하던 당시에 교종과 선종의 사상과 수행을 일치시키려는 주장을 말한다. 고려 대각국사 의천대사는 중국 화엄종인 규봉圭峰의 학설로 고려의 교종을 통일하고 나서 선종의 교리에 입각, 천태종을 개창하여 선종의 종파를 통합하고 원효대사의 중심사상인 일불승一佛乘 회삼귀일會三歸一의 원리에 입각해 고려 불교의 융합을 실현하려 했다.

또한 보조국사 지눌은 "선禪이란 부처님 마음이요, 교敎란 부처님 말씀이다. 선을 통해 부처님 마음자리로 돌아가고 교를 통해 부처님 말씀을 이해하게 된다. 그래서 선과 교를 대립해서 볼 것이 아니라 서로 도움을 주면서 하나를 이루자"는 선교일치의 사상을 주장했다.

이러한 교선일치 사상은 그 후 한국불교의 수행 풍토 조성에 획기적인 업적을 남겼다.

서산대사

아시아 불교의 어제와 오늘

보살은 이웃이 온갖 고통 속에서 괴로워하는 것을 보면 대비심大悲心을 일으켜
온 세상의 낱낱 이웃을 위해 그들과 같이 무량겁을 지내면서 그들의 덕을 충만시키고,
어떠한 경우에도 그들을 버려두고 모른 체하지 않으리라.

『화엄경』「십행품」

불교의 확산

부처님께서는 베나레스 교외에 있는 사르나트(녹야원)에서 다섯 명의 수행자에게 가르침을 설해 그들에게 감화를 주셨다. 이후 제자들에게 이 가르침을 널리 펼 것을 당부했다. 부처님과 그 제자들은 불법을 펴나가 인도의 여러 지방으로 퍼지기 시작했다.

불교를 인도 전역으로 급속하게 확산시키는 데 결정적인 역할을 한 분은 아쇼카Aśoka 왕이다. 아쇼카 왕은 인도 최초의 통일 왕조인 마우리아왕조 제3대 왕이다. 불교 정법에 입각한 통치를 강조했으며, 불교를 전하는 포교사를 인도 전역뿐만 아니라 해외까지 파견했다. 또한 부처님의 사리를 재분배하여 인도 각 지역에 다수의 탑을 건립하고, 제3차 결집(불교경전편찬회의)에 앞장섰다. 1세기 후반에 성립한 쿠샨왕조의 카니슈카 왕도 중생의 구제를 앞세우고 대승불교를 일으키는 데 앞장섰다.

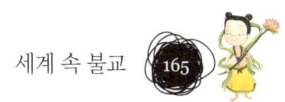

상좌부불교와 대승불교의 전파

인도에서 발생한 불교는 교단의 발전과 더불어 남방, 북방으로 전파되는 과정에서 각 지역의 국민성이나 특징에 따라 각기 독특한 특징을 지닌 불교로 발전했다. 이른바 팔리어 성전을 중심으로 하는 상좌부불교남방불교◆와 한역 경전을 중심으로 하는 대승불교북방불교가 그것이다.

먼저, 상좌부불교의 전파 거점이 된 곳은 스리랑카이다. 스리랑카 불교는 기원전 3세기 중엽, 아쇼카 왕의 왕자 마힌다Mahinda가 포교사로 파견되어 상좌부불교를 전했다. 이후 5세기 무렵 인도 출신의 승려로 남방불교의 대표적 수행지침서인 『청정도론』을 저술한 붓다고사Buddhaghosa가 스리랑카로 건너와 팔리어 성전의 주석注釋을 집대성함으로써 상좌부불교의 기반이 잡히고 활기를 띠게 되었다. 그 결과 스리랑카의 상좌부불교는 다시 미얀마와 태국, 캄보디아와 라오스 등에 전해졌다.

그에 반해 대승불교는 인도 문화권을 넘어서 중앙아시아의 사막지대에 전파되었고, 후에 1세기 무렵 또다시 중국의 동쪽에 전래되었다.

중국에 전래된 불교는 유교나 노장사상 등 고유 사상과 융합하여 이른바 격의불교格義佛敎의 특징을 보이면서 불교의 중국화에 이바지했다. 격의불교란 중국인의 사유 방식에 익숙한 용어를 통해 생소한 불교 용어를 설명한 것을 말한다.

◆**상좌부불교** 소승불교란 작은 수레의 불교라는 의미로 큰 수레인 대승불교도들이 그렇게 부른 것이다. 그러나 이들은 스스로를 소승불교라 칭하지 않고 상좌부불교라 한다.

예를 들면 공空을 노장 사상의 용어인 무無로, 열반을 무위無爲로 바꾸어 표현하여 중국인의 이해를 도왔다. 또한 중국불교는 진제, 의정, 구마라집, 현장 등의 역경을 토대로 경전을 체계화하고, 그 경전을 중심으로 천태종, 화엄종, 선종 등 중국적인 종파 불교를 형성하기에 이르렀다.

특히 달마대사에 의해 전래된 중국의 선 불교는 경전이나 문자 등의 이론에만 매달려 있던 당시의 학문 불교와 외부 대상에 의지하던 기복 불교를 비판하고 주체적인 나 자신의 마음과 깨달음을 강조했다.

달마대사로부터 6대째에 해당하는 육조 혜능대사는 모든 사람이 각자 마음속에 간직한 순수하고 밝은 마음을 투명한 눈으로 보면 즉시 깨달음에 이른다고 설했다. 중국불교는 다시 동아시아의 한국과 베트남 등에까지 전파되어 새로운 동아시아 문화권을 형성했다.

한편, 티베트는 7세기 초에 이르러 모든 티베트족을 통합하여 통일국가를 형성한 송첸캄포 왕에 의해 당나라와 인도, 네팔에서 불교를 받아들였다. 그 후 복잡한 시대 상황 속에서도 점차 민간에 뿌리내리기 시작한 티베트

불교는 한때 쇠퇴하였으나, 15세기 초 쫑카파Tsongkhapa가 나와 종풍을 쇄신, 교세를 크게 높였으며, 이후 법계는 대대로 달라이 라마Dalai Lama에게 전해져 오늘에 이른다.

달라이 라마는 티베트불교의 가장 대표적 종파인 겔루크파의 수장인 법왕法王의 호칭으로, 현재 제14대 달라이 라마는 1959년 이후부터 티베트 망명정부를 이끌며 살아 있는 관세음보살로 존경받고 있다.

아시아 불교의 어제와 오늘

14세기 이후 불교의 발상지인 인도에서는 불교가 이슬람교에 밀려 점차 교권을 잠식당하고 세력이 약화되어 거의 사라졌다. 그러나 최근에는 암베드카르Ambedkar를 비롯한 여러 인물에 의해 다시 인도에서 서서히 영향력을 확장해 나가고 있다. 암베드카르 박사는 인도 초대 법무장관으로 인도 헌법의 기초를 세워 불가촉천민의 지도자로 천민에 대한 차별을 금지하는 조항을 만들고, 말년에 불교로 개종하여 인도불교를 부흥시키는데 결정적인 역할을 했다. 암베드카르 박사를 위시한 여러 인물은 인도에 공고히 자리 잡고 있던 카스트제도를 부인하고 자유와 평등의 가치를 추구하고 있다.

최근 중국도 공산화로 불교의 근본정신이 훼손됐으나 1990년대 이후에 중국 당국이 세계에 내세울 사상의 하나로 불교를 지목하고 학문적, 종교적 측면에서 과감하게 지원하면서 다시금 부흥을 준비하고 있다. 현재 젊은 층을 중심으로 중국의 불자 인구가 1억 명을 넘어서고 있다.

일본불교는 학문 불교라는 평가와 함께 신앙이 약화되었다고 하지만 여전히 국민 대다수가 불교적 삶을 영위하고 있다. 지금도 일본인은 장례식이나 제사 의식은 반드시 절에서 치른다.

대만은 청일전쟁 후 일본불교의 영향으로 한때 어려웠지만, 국민당 정부가 본토에서 대만으로 천도하면서 대만 제일의 종교로 자리 잡고 있다. 특히 불광산사와 자제공덕회를 중심으로 한 대만 스님들은 철저한 교육과 수행을 겸비하면서 신도와 함께 고아원, 유치원, 학교, 양로원, 병원 등의 사회봉사 활동을 전 세계적으로 전개하고 있다.
이 밖에도 전통적인 아시아의 불교 국가인 태국, 스리랑카, 캄보디아, 베트남, 미얀마, 티베트 등에서는 불교가 개인의 구원 못지않게 사회적 사명의 완수를 위해서도 존재한다는 사실을 인식하면서 사회활동에 적극적

탁발해서 모은 돈으로 빈민구제(대만)

국제불광회의 필리핀 태풍 수해 구호

으로 참여하는 방식의 참여불교 운동을 전개함으로서 새로운 도약을 준비하고 있다.

생각 펼치기

- 아시아 불교의 전래 과정을 살펴보자.
- 최근 아시아 각국의 참여불교 사례를 수집하여 이야기해보자.
- 대만의 불광산사와 자제공덕회의 활동상을 인터넷으로 조사하여 이야기해보자.

참여불교 Engaged Buddhism

참여불교로 불리는 불교 운동은 태국의 술락 시바락사, 스리랑카의 아리야라뜨네, 베트남의 틱낫한과 같은 동남아시아의 불교 지도자들이 비폭력, 자유, 평등, 인권, 생명 존중과 같은 불교적 가치를 현실 세계에 구체적으로 실현함으로써 인류의 고통을 제거하고 맑고 따뜻한 사회를 건설해야 한다는 현실 참여 운동이다.

참여불교는 사회화되고 보편화된 불교적 가치를 통해 인류와 세계가 직면한 문제를 해결하고자 하는 사상, 실천 체계로 현대에 들어 불교의 주요한 흐름 중 하나로 자리 잡았다.

불광산불타기념관 기공식(대만)

대만 자제공덕회

대만인에게 살아 있는 관세음보살의 화현으로 칭송받는 증엄 스님이 만든 자제공덕회는 전 세계인을 대상으로 자선, 빈민 구제, 의료사업 등 세계 최대의 자선 단체 활동을 통해 보살행을 실천하고 있다.

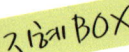

대만 불광산사

불광산사는 1967년 성운 스님에 의해 건립되었으며, 임제종 법맥을 이은 사찰이다. 당시 성운 스님은 '교육으로 인재를 양성하고, 문화로서 불법을 펼치며, 자선으로 사회복지를 이루고, 수행으로 인심을 정화한다'는 네 가지 서원을 세우고 사찰을 창건했다. 약 40년이라는 짧은 역사에도 불구하고, 불광산사는 대만의 핵심 불교로 자리 잡았다.

대만 불광산사 전경

국제불광회의 인도 빈민구제

서양의 불교

남이 내 뜻대로 순종해주기를 바라지 말라. 남이 내 뜻대로 순종하면 마음이 교만해지나니 그래서 성인이 말씀하시되, 내 뜻에 맞지 않는 사람들과 사귀라 하셨느니라.

「보왕삼매론」

잠에서 깨어난 서양 불교

동양 문화권에서 2,500년 이상 발전해온 불교도 새로운 시대에 맞추어 변화하고 있다. 여러 나라에서 새롭게 일어나는 불교 개혁 운동들이 이를 말해 준다. 그러나 가장 주목할 만한 변화는 불교가 동양보다 서양에서 더욱 활기를 띠고 있다는 사실이다.

불교는 이미 기원전에 아쇼카 왕의 전도로 지중해 연안과 그리스 로마까지 전해져 서양에 그 모습을 드러내기 시작했다. 뿐만 아니라 알렉산더 왕의 동양 정복 이후 서양에 불교가 전해졌을 가능성을 배제할 수 없다.

불교는 18세기 상인들이 아시아를 왕래하면서 본격적으로 서양에 알려졌다. 하지만 이 시기의 불교는 서양인에게 고고학, 언어학, 미술사적인 측면에서 동양학을 전공하는 학자들의 학문적 대상이었다.

유럽에서는 1881년 영국에서 리즈 데이비스 박사의 주도로 창립된 〈팔리 경전학회〉가 발족하면서 영문판 남방불교 팔리어 경전과 그에 대한 주석

세계 속 불교

서들이 부처님의 말씀을 서서히, 그리고 비교적 정확하게 서구인에게 알리는 역할을 했다.

미국에서는 1893년 시카고에서 있었던 〈세계종교회의〉를 통해 불교에 대해 본격적인 관심을 갖게 되었다. 그 후 미국의 일반 지식인 사이에서는 세계종교, 그중에서도 힌두교와 불교에 대한 관심이 고조되기 시작했고, 하버드대학, 콜롬비아대학, 시카고대학을 비롯해 여러 대학에서 불교를 연구하고 가르치는 프로그램이 설립되기 시작했다.

예를 들면, 유럽에서는 쇼펜하우어Schopenhauer, 니체Nietzsche, 와그너Wagner 같은 사람이 불교에 심취했고, 미국에서는 에머슨Emerson, 소로우Thoreau, 휘트먼Whitman을 비롯해 여러 사상가와 여러 문인이 불교에 깊은 관심을 가졌다.

최근 미국 《타임》지에서 미국의 명상 인구가 일천만 명에 육박한다고 크게 보도한 바 있다. 현재 미국 내 불자는 오백만 명 정도라고 하며 불교에 호감을 갖는 사람이 점점 늘어나고 있다. 또한 미국 육군사관학교 웨스

미국 불국사

트포인트West Point의 정규 교과과정으로 명상을 채택할 정도이며 명상이 정신의학계에 큰 반향을 일으키고 있다. 명상은 바로 불교의 수행 전통에 입각한 것이다. 현재 서양에서는 불교가 많은 사람, 특히 지성인 사이에서 크게 주목받는 종교로 부각되고 있다.

불교가 주목받는 이유

최근 서양의 고등학생이나 대학생, 엘리트들이 불교에 관심을 갖는 이유는 다양하다. 불교는 서양의 종교와는 달리 초자연적이고 절대적인 인격신을 내세우거나 복종할 것을 강요하지 않는다. 오히려 무조건적인 믿음이 아니라 나 자신의 주체적인 깨끗한 마음을 강조한다. 불교는 수행을 통해 '참 나'를 찾는 것을 중하게 여기며, 삶과 죽음 등 삶의 근본적인 문제에 대한 해결책을 추구한다.

서양인은 배타적인 인격신 대신 포용성을 지닌 불교에 마음의 문을 활짝 열고 있다. 무엇보다도 불교가 마음의 평화와 안정을 심어준다는 점에서 서양인은 불교에 푹 빠져 있다. 그래서 서양인은 연인이나 친구가 불자라

고 하면 반색을 하며 반긴다고 한다.

불교는 과학적이며 합리적인 정신을 잃지 않으면서도 마음 수련을 통해 인간의 내면세계를 밝히고자 할 뿐만 아니라, 현대사회가 지닌 여러 가지 문제점에 대해서도 근본적인 해결책을 제시한다. 특히 불교의 평화주의적이고 자연과 합일하는 친환경적 태도는 오늘날 지구촌의 공통 과제인 폭력과 전쟁, 환경오염 등의 문제를 해결하는 데 이바지할 수 있다.

따라서 서양에서 불교가 주목받는 것은 당연한 결과라고 할 수 있다.

서양 불교의 현황

동양인이 받드는 전통적인 불교가 주로 예불, 초파일, 연등, 방생, 사십구재, 우란분재, 천도재 등과 관련한 의식을 중심으로 삼는다면, 서양인은 주로 명상과 경전 연구에 중점을 둔다.

현재 서양인이 추구하는 불교는 크게 세 가지로 나눌 수 있다. 선불교, 티베트불교, 상좌부불교 계통이다.

선불교는 1893년 세계박람회와 같이 열린 시카고 세계종교회의 이후 미국에 동양의 종교를 알리고 접하는 계기가 되면서 일반인에게 널리 알려졌다. 현재 미국 선불교는 중국의 쉔화 스님, 일본의 스즈끼 순류 스님, 한국의 숭산 스님 등의 영향을 받아 유럽이나 미국 여러 도시의 선 센터에서 이론만 아니라 실제 수행 체험을 통해 세력을 확장하고 있다.

티베트불교가 본격적으로 알려진 것은 1950년 중국의 티베트 점령으로 1959년 달라이 라마를 비롯하여 십만 명의 티베트인이 인도로 망명하면서부터이다. 당시 상당수의 라마가 인도에서 유럽, 미국 등 서양으로 건너가 티베트불교를 알렸다.

티베트불교는 선불교보다 50년 이상 늦게 서양에 전래되었으면서도 최근 눈에 띄는 성장세를 보이고 있으며, 현재 서양 불교 인구의 약 3분의 1이 여기에 속한다.

미국 불국사 법회

동남아시아 상좌부불교의 수행을 '위빠사나' 라고 한다. 위빠사나란 통찰, 꿰뚫어 봄Insight이라는 뜻이다. 마음을 고요히 하고 쉰 상태에서 즉각 즉각 깨어 있는 것이다. 있는 그대로 바라보고 통찰하는 것이다. 그러한 통찰을 통해 모든 것이 변한다는 사실을 알아차리고 기쁘거나 슬픈 일에 마음이 동요하지 않는다.

최근 서양에서 급속도로 퍼지고 있는 위빠사나❖수행법은 지금부터 50년 전에 선지식들이 불교의 전통적 예식이나 기타 형식적 행사를 최소화하고 출가 스님뿐만 아니라 일상적인 삶을 살아가는 일반인 모두 수행할 수 있는 명상법을 가르치면서 본격화되었다. 이는 2,500년 동안 이어져 온 아시아적 문화의 모습을 벗고 오로지 부처님의 기본 가르침으로 돌아가

❖위빠사나 우리나라에서는 위파사나, 혹은 위빠싸나라고 발음한다. 팔정도의 정념을 실천하는 것으로 네 가지[四念處 사념처], 즉 몸의 움직임, 느낌의 흐름, 생각의 움직임, 생각의 대상을 조용히 관찰하는 명상 중심의 불교 수행법이다. 네 가지 중 자신의 호흡을 관찰하는 것을 기본으로 한다.

자는 운동이라 할 수 있다.

현재 서양 불교는 미국뿐만 아니라 일찍이 동양학 붐의 본산지였던 영국, 프랑스, 독일뿐만 아니라 오스트리아, 스위스, 그리스, 덴마크, 네덜란드, 이탈리아, 러시아, 폴란드 등에서 비교적 활발히 전개되고 있다.

미국 불광산 서래사

생각 펼치기

- 서양사회 일부분으로 자리 잡은 서양 불교의 현황과 특징을 조사하여 이야기해보자.
- 서양인에게 불교가 주목받는 이유를 이야기해보자.

과학자 아인슈타인Einstein과 불교

1939년 5월 19일 미국의 프린스턴대학 강연 중 아인슈타인은 이런 말을 했다.

"미래의 종교는 우주적 종교가 돼야 한다. 그 동안 종교는 자연 세계를 부정해왔다. 모두 절대자가 만든 것이라고만 했다. 그러나 앞으로의 종교는 자연 세계와 영적 세계를 똑같이 존중한다는 생각에 기반을 둬야 한다. 자연 세계와 영적 세계의 통합이야말로 진정한 통합이기 때문이다.

나는 불교야말로 이런 내 생각과 부합한다고 본다. 만약 누군가 나에게 현대의 과학적 요구에 상응하는 종교를 꼽으라고 한다면, '불교'라고 말하고 싶다."

세계 속 한국불교

지혜가 있는 사람은 먼저 온갖 중생의 마음을 살피고 나서 가르침을 설한다.

『지장십륜경』

세계 속 불교 동향

처음 북인도에서 발원한 불교는 천년 동안 중국, 한국, 일본, 스리랑카, 동남아시아, 티베트 등으로 전파되어 동아시아로 퍼져 나간 뒤 세계종교로 발전했다. 특히 20세기 중반에 불교는 기독교 사상과 전통이 강한 서양에도 급속히 전해져 확산되고 있다. 부처님의 가르침이 2,500여 년이 지난 이 시대에 또다시 세계인의 관심을 받고 있다. 서양의 엘리트들은 불교를 모르면 대화에 끼일 수 없을 정도라고 한다.

이제 불교는 전 세계적으로 여러 사상과 종교에 큰 영향을 끼치고 있기에 불교를 아는 것은 더 이상 불자만의 것이 아니라 세계 공통 필수교양과목이라 할 수 있다.

현재 세계 속 불교는 세계화, 개방화의 물결을 타고 급속하게 변화하고 있다. 1950년대 중국의 티베트 점령, 1970년대 이후 인도차이나 반도의 공산화 등으로 말미암아 많은 스님과 불교도의 유럽 이민으로 불교가 서양에 전파된 측면도 있다.

예를 들면 티베트의 달라이 라마, 베트남의 틱낫한 스님은 조국에 돌아갈 수 없는 몸이 되어 해외에서 적극적이고 모범적인 포교 활동을 전개해 괄목할만한 성과를 이루었다. 그런가 하면 태국의 아잔 차, 술락 시바락사 박사, 캄보디아의 간디라 불리는 마하 고사난다, 미얀마의 아웅산 수지, 스리랑카의 아리야라트네 박사, 인도의 암베드카르 박사 등은 자국 내에 불교 단체를 건립해서 불교를 배우고자 하는 많은 사람에게 큰 감화를 주었다.

뿐만 아니라 한국과 일본, 대만 등 동양의 불교 국가에서는 적극적으로 포교사를 서양에 파견하기 시작했다. 특히 최근에는 불교의 발상지인 인도뿐만 아니라, 미국과 서유럽의 여러 나라에 상좌부불교와 함께 대승불교가 동시에 널리 전파되어 지식인들과 젊은이들 사이에 불교가 유행처럼 번지고 있다. 또한 서양인 가운데서도 동양의 불교 국가로 유학 온 스님들이 자국으로 귀국해 포교 활동을 전개함으로써 전 세계에 급속도로 전파되고 있다.

폴란드 바르샤바에서 열린 2008년 세계일화

불교의 세계화는 불교 내에도 일종의 패러다임paradigm의 변화를 불러오고 있다. 서양 불교는 말할 것도 없고 나름대로 전통을 간직한 동양의 불교 국가들도 미국이나 유럽 불교의 동양 유입으로 많은 변화를 가져왔다. 그동안 기복적이거나 의례중심적인 불교가 참선과 명상을 중심으로, 출가 수행자 중심의 불교에서 출가자와 재가불자가 함께하는 불교 수행 공동체로 변하고 있다. 또한 나만의 평화나 마음의 안정을 추구하는 것에서 사회의 아픔도 함께해야 한다는 의식이 팽배해지면서 사회에서 고립된 불교가 아니라 사회문제에 적극적으로 참여하는 불교로 변모하고 있다. 즉, 인권운동, 평화운동, 환경보호운동, 노숙자나 수감자 돕기, 동물 권리 보호 운동 같은 일에 적극적으로 참여하는 참여불교로 변화하고 있다. 그리고 종파주의적인 색채가 줄어들면서 통불교적인 성격, 이를테면 퓨전식 수행 풍토가 강조되고 있다.

한국불교의 세계화

불교는 개인의 자유와 인권을 강조한 현대 자유민주주의 사회에서 타인에게 해를 주지 않는 것에 그치지 않는다. 타인의 인권을 지키는 적극적인 생활 방식을 강조한다.

특히 한국불교는 옛 수행 전통이 고스란히 살아 있어 전 세계인의 관심을 받고 있다. 화두를 들고 수행하는 간화선看話禪은 현재 우리나라만 잘 간직하고 있는 세계에서 자랑할 만한 수행법이다. 간화선은 볼 간看자와 말 화話자가 결합한 것으로 '말을 보는 선'이란 뜻이다. 그런데 그 말이 그냥 말이 아니다. 말이 아닌 화두다. 화두話頭란 말길과 생각의 길을 차단한다. 그렇기 때문에 화두를 들면 시비 분별하는 마음이 끊어져 본래 마음자리를 찾을 수 있다.

이러한 한국불교의 사상과 교학을 어떻게 해외에 전할 것인가? 간화선 수행과 더불어 그 밖에 전통을 간직한 수행 방법을 세계화하는 방안은 무엇인가? 한국불교 문화를 어떻게 세계에 알릴 것인가?

최근 세계인에게 주목받는 템플스테이 Templestay가 좋은 예이다. 2002년 한·일 월드컵 이후 시작된 템플스테이는 외국인에게 가장 한국적인 정신문화를 체험할 수 있는 기회가 되었다. 템플스테이는 맑은 음식으로 공양을 하고 단정히 앉아 마음을 비우는 참선을 통해 정신적 풍요를 체험하고, 고즈넉한 산사의 숲길을 산책하면서 일상의 집착을 잠시 벗어나기도 하고 차 한 잔을 음미하면서 서로 소중한 인연을 만들기도 한다.

템플스테이는 이렇듯 일상에서 잊어버린 전통문화의 향훈과 자연과 하나 되는 마음 자세에서 본래 내 모습을 찾게 한다는 점에서 현대인에게 대단히 유익한 프로그램이다.

이와 같은 수행 공동체 문화가 우리나라의 일반인뿐만 아니라 외국인에게 인기가 있는 것은 한국불교의 수행법과 문화를 통해서 불교를 세계화

할 수 있음을 보여준다. 매년 부처님오신날 열리는 연등축제도 마찬가지다. 전통과 현대를 잘 조화시킨 불교문화축제는 이제 불자만의 축제가 아니라 전 세계인이 함께하는 축제로 발전할 수 있음을 보여준다.

또한 한국불교가 아시아의 옷을 벗고 세계 속에 뿌리내리려면 이러한 문화 못지않게 인재 양성이 중요하다. 한국의 수행자들이 외국에 나가 직접 포교하는 것도 중요하지만 우리나라에서 수행한 서양인 제자들을 통해 불교를 세계화시키는 방법도 고려해볼 필요가 있다. 이는 몇 년 전 미국인인 현각 스님이 텔레비전에서 한 〈금강경강독〉 프로그램이 큰 인기를 끌었음을 통해서도 쉽게 알 수 있다.

한국불교를 세계에 알릴 수 있는 문은 활짝 열려 있다. 지구촌 시대의 열린 문을 통해서 다양한 불교문화가 유입되고 또 이 문을 통해서 한국불교의 문화가 세계로 전해진다.

앞으로 한국불교가 발전하려면 세계 불교의 흐름을 인식하면서도 다른 나라의 불교와 비교해서 한국불교만이 지닌 특수성을 부각할 필요가 있다. 그렇다고 해서 지나치게 한국적인 것만을 강조하여 폐쇄적인 모습을

보여서는 안 된다. 보편성의 바탕 위에 한국불교만의 독특함을 현대적으로 잘 조화시킨 창조적 한국불교만이 지구촌 시대의 불교문화를 선도할 수 있다.

생각 펼치기

- 오늘날 세계 불교계에서 주목받는 불교 지도자를 조사하여 이야기해보자.
- 최근 세계 불교의 동향에 대해서 이야기해보자.
- 한국불교의 세계화 방안에 대해서 각자 견해를 이야기해보자.

지혜 BOX

현각 스님

현각 스님은 미국의 명문 예일대학교에서 서양철학과 영문학연극을 전공하고 하버드대학교 신학대학원에서 비교종교학 석사 학위를 받은 미국 뉴저지 출신의 스님이다. 현각 스님은 원래 가톨릭계 집안 출신이었으나 한국 숭산 스님의 설법을 듣고 출가하여 현재는 우리나라를 비롯한 세계 여러 나라에서 수행과 포교에 전념하고 있다. 저서로는 『만행 하버드에서 화계사까지』, 『선의 나침반』, 『오직 모를 뿐』, 『공부하다 죽어라』 등이 있다.

한국불교의 정체성 확립, 청년 불자가 중심이 되어야 한다

2006년 11월 25일 부산의 대한불교청년회 초청법회 중 현각 스님이 이런 말을 했다.
"서양인은 수많은 종교전쟁을 일으키는 유일신에 대해 의문을 품고 있으며 불교의 과학적이고 평화적이며 맹목적인 신을 거부하는 것에 매료되고 있습니다. 이제 불교의 전통을 고스란히 간직하고 있는 한국인이 종교관을 바르게 세우고 불교의 정체성을 확립하는 일에 적극적으로 나서야 할 때이며 청년 불자들의 원력이 그 중심에 있어야 합니다."

지혜 BOX

템플스테이 Templestay

템플스테이란 내·외국인이 한국 전통문화의 보고이자 불교문화의 원형이 잘 보존된 전통 사찰에서 사찰의 일상과 수행자적 삶을 체험하는 사찰 문화 체험 프로그램이다.

지난 2002년 한·일 월드컵 때 실시하여 많은 내·외국인으로부터 한국 전통문화 이해의 계기가 되었다고 호평을 받은 이후 최근에는 전국의 대부분 사찰에서 실시하고 있다.

템플스테이의 세부 프로그램으로는 새벽예불, 참선, 법문 등 수행 위주의 사찰 수련회와 달리 다도, 발우공양, 탁본, 사경, 연등 만들기 등 불교문화 체험뿐만 아니라 천연 염색, 문화 유적지 탐방, 철새 탐조 트레킹 등으로 갈수록 다양해지고 있다. 참가 유형도 외국인뿐만 아니라 일반인, 기업체, 학생, 가족 단위 등 다양하며 참가 기간도 1박 2일에서 5~10일에 이르기까지 다양하다.

단순한 사찰 생활의 소개에 그치지 않고, 우리나라 전통문화 형성의 큰 축을 형성해 온 불교문화 체험을 통해 내·외국인에게 우리 문화의 우수성을 인식시키는데 크게 이바지하는 템플스테이는 바쁜 도시 생활에서 탈피하려는 현대인에게 '참 나를 찾아 떠나는 여행'이라고 할 수 있다.

#06
불교문화의 향기

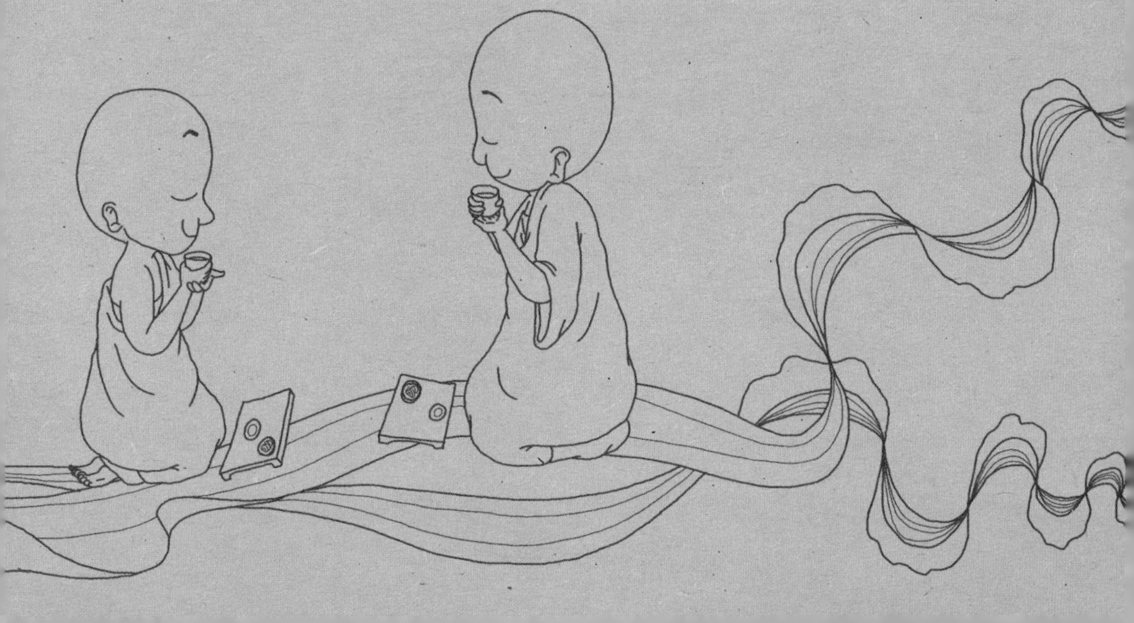

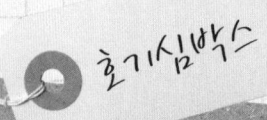

- ★ 불교문화가 한국 전통문화에 끼친 영향을 살펴보고, 전통문화 계승 발전의 필요성을 살펴보자.
- ★ 불교음악이 전통음악에 영향을 준 것과 불교의 차 문화가 우리 민족의 정신세계에 끼친 영향에 대해 살펴보자.
- ★ 자연환경과 조화로운 불교의 건강법과 발우공양의 현대적 의미를 생각해보자.

찬란한 불교 문화유산

> 해서 안 될 일은 행하지 말라. 해서 안 될 일을 행하면 반드시 번민이 따른다.
> 그리고 해야 할 일은 반드시 행하라. 그러면 가는 곳마다 후회는 없다.
> 『법구경』

우리나라의 사상과 문화는 불교, 유교, 도교에서 많은 영향을 받았다. 특히 불교문화는 1,600여 년의 역사를 거치는 동안 우리 민족의 의식 속에 깊이 뿌리를 내렸다.

불교가 인도에서 발생하여 중국 등을 거쳐 들어온 외래 사상이라 할지라도 한국에 들어와서는 우리 민족의 독창적인 사상으로 발전했다. 이처럼 우리는 불교 전통문화에 의해 형성된 생활양식과 관습 속에 살면서 세계 문화사에 우뚝 솟은 찬란하고 독창적인 우리 민족만의 불교문화유산을 만들었다.

오늘날 그 문화적 가치가 높아 국가에서 지정해 관리하는 국가지정문화재_{국보,보물}의 유형만 살펴보자. 국가지정문화재 중에서 부처님의 사리를 모신 불탑이나 승탑의 수량이 20퍼센트를 넘고, 전체 불교문화재가 차지하는 비중이 70퍼센트에 달한다. 이것만 보아도 얼마나 찬란한 불교문화가 우리 민족의 삶과 함께했는지 알 수 있다. 역사적으로 고구려, 백제,

석불암 본존불

신라 삼국이 모두 불교를 최고의 종교와 문화로 받아들여 통일신라시대에는 그 결실로 찬란하고 화려한 불교문화를 이룩했다.

특히 불국사, 석굴암 및 황룡사지 유적은 통일신라시대에 만들어졌으며, 또한 신라인이 향찰로 기록한 불교적인 내용의 노래인 향가는 25수가 전해진다. 당시 신라의 수도였던 경주 시내는 절과 탑이 기러기 떼가 날아가는 모습이라고 표현될 정도로 당시 불교문화의 영향이 얼마나 큰지 짐작할 수 있다.

고려시대에는 건국이념뿐만 아니라 국가 통치의 지도이념으로 불교가 확립되어 모든 사회문화 양상이 불교와 관련지어 나타난다. 2007년 6월 유네스코UNESCO가 지정한 세계기록유산Memory of the World으로 등재된 고려대장경高麗大藏經을 생각해보자.

고려대장경은 부처님의 가피력으로 몽골군의 침입을 극복하고자 제작했다. 전 국민은 고려대장경을 만들면서 단결된 힘을 보여주며 정성을 다했다. 그 결과 고려대장경은 현재 합천 해인사에서 소중히 보관하며 불교문화의 향기를 전하고 있다.

조선시대에는 사회정치적으로 불교가 억압과 배척을 당했지만 불교문화는 어려운 역사적 상황 속에서도 더욱 발전하고 계승되었다. 특히 불교경전의 번역 사업은 불교문학에서 중요한 위치를 차지했다. 세종대왕의 『월인천강지곡月印千江之曲』과 세조의 『월인석보月印釋譜』 등을 대표로 꼽을 수 있다.

이처럼 오랜 역사와 찬란한 불교문화를 가진 우리 민족이 세계화 시대를 주도하려면 우리의 전통 불교문화를 이해하고 계승하여 발전시켜야 한다. 특히 청소년이 불교의 사상과 문화를 바르게 이해하고 실천한다면 밝은 미래를 열어갈 수 있을 것이다.

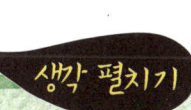

생각 펼치기

- 불교가 한국 문화에 끼친 영향을 구체적으로 조사하여 이야기해보자.
- 불교가 지켜온 전통문화에 대해 알아보고, 새로운 민족 문화 형성에 어떻게 이바지할 수 있는지 이야기해보자.
- 고려시대에 성행하던 연등회가 오늘날 새로운 모습으로 변모해 세계 축제 문화 중 하나로 자리 잡은 연등축제에 대해 자세히 알아보자.

고려대장경 高麗大藏經

경상남도 합천군 해인사 경내의 장경판고藏經板庫에 보관된 대장경판으로 국보 제32호로 지정되었다. 현재 남아 있는 경판은 8만 1258판이다. 8만여 판에 팔만 사천 번뇌에 해당하는 법문이 실려 있으므로 일명 팔만대장경이라고도 한다. 고려 고종 24년1237부터 16년간 고려에 침입한 몽골군의 격퇴를 발원하여 대장도감大藏都監과 분사도감分司都監을 두어 제작했으며, 글씨가 늠름하고 정교하여 고려시대 판각의 우수함을 보여준다. 처음에 강화도 대장경판고에 두었다가 후에 강화의 선원사禪源寺로 옮겼다. 이후 태조 7년1398에 다시 현재의 위치로 옮겼다. 2007년 6월 유네스코UNESCO는 '고려대장경판 및 제경판'을 세계기록유산 Memory of the World으로 지정했다.

해인사 장경각

해인사 장경각 고려대장경

고려대장경판

월인천강지곡 月印千江之曲

『월인천강지곡』은 보물 398호로, 금속활자로 간행되었으며, 훈민정음으로 표기한 한국 최고最古의 가사歌詞이다. 조선시대 세종대왕이 세종 31년1449에 지은 불교찬가다. 세종 28년1446, 세종대왕은 소헌왕후 심씨가 죽자 그의 명복을 빌기 위해 아들인 수양대군(후의 세조)에게 명해 『석보상절釋譜詳節』을 지었는데, 석보상절이란 일종의 부처님 생애를 말한다. 세종이 그 책을 읽고 각각 그 구절에 따라 찬가를 지은 것이 월인천강지곡이다.

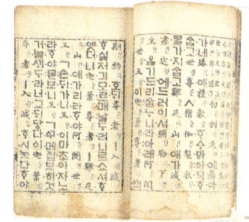
석보상절

월인석보 月印釋譜

『월인석보』는 목판본으로 보물 745호이며, 11, 12권은 보물 935호이다. 『월인천강지곡』과 『석보상절』을 합하여 세조 5년1459에 편찬한 불교대장경이다. 이 책은 세종대왕 말엽부터 세조왕 초엽까지 약 13년의 기간을 거쳐 이룩한 사업으로 부처님 일대기의 결정판일 뿐만 아니라, 훈민정음 창제 이후 가장 먼저 나온 불경언해서佛經諺解書이다. 또한 당시의 글자나 말을 그대로 보전한 귀중한 문헌이다.

월인석보 표지

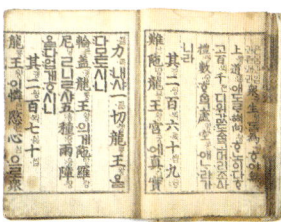
월인석보 속지

불교음악과 불교무용

여러 가지 아름다운 음악으로 마음을 다해 공양한다면 모두 불도를 이룰 것이다.

『법화경』

불교음악

음악은 국경과 인종을 초월해 만인에게 공감을 주는 예술이다. 음악은 아름다운 선율로 모든 사람에게 깊은 감명을 주기 때문이다. 그래서 음악은 인류의 역사와 더불어 사람의 기쁨과 슬픔을 표현하는 가장 대표적인 예술 형태로 자리 잡았다. 또한 종교의식에서 음악이 차지하는 비중이 매우 크다. 종교음악을 통해 깊은 종교적 감흥과 감화를 받아 마음의 문을 열고 종교 생활에 깊이 몰입해 들어가기 때문이다.

불교음악도 역시 부처님 당시부터 태동해 많은 발전을 거듭했다. 아름다운 곡조로 부처님의 덕을 기리고 찬탄했으며, 부처님 말씀을 간명하게 전해주었다. 불교의식에도 장엄한 선율이 동반되어 그 감동의 폭을 깊게 한다. 미묘한 목소리가 마음을 흔드는 악기 연주를 통해 사방을 타고 흘러 사람은 물론 날아가는 새도 감동시켰다고 한다.

불교음악은 그렇게 음악을 통해 부처님께 찬탄 공양을 올리고, 그 가르침을 전하는 포교와 교화의 수단으로 널리 전개되었다.

불교음악은 전통적인 범패(梵唄)와 현대에 이르러 발달된 창작 찬불가로 크게 분류할 수 있다.

범패에서 범(梵)이란 범음성(梵音聲)을 일컫는다. 그것은 음이 바르고 곧고 우아하며, 맑고 청아하며, 깊고 원만하며, 두루 퍼져 멀리서도 들을 수 있는 음성을 뜻한다. 패(唄)란 부처님 말씀의 핵심을 길지도 짧지도 않게 설명하는 것인데, 이를테면 말로 하는 가사다. 간략하게 말해서 범패란 맑고 청아한 곡조를 붙여 부처님 가르침을 노래로 읊는 것이다. 여기에서 염불은 물론 화청(和請)도 포함된다.

범패

범패의 특징으로는 선율의 높고 낮음과 길고 짧음이 잘 어우러지는 장식음이 많다는 것이다. 이러한 장식음으로 불교의식의 장엄함을 드러낸다.

화청은 일반 백성에게 불교를 널리 전파하려는 목적으로 우리말로 된 가사를 민요조로 부르는 불교 노래이다. 〈회심곡〉, 〈백발가〉, 〈왕생가〉 등이 유명하다.

향가는 불교를 소재로 사람들을 교화하려고 만든 것이다. 그 내용이 교훈적이면서 인생의 깊은 향기를 담고 있어 많은 사람의 입에서 입으로 불렸다. 그리고 향가를 만든 사람은 대부분 스님이었다. 〈제망매가祭亡妹歌〉, 〈헌화가獻花歌〉, 〈안민가安民歌〉 등이 대표적이다.

〈월인천강지곡月印千江之曲〉은 석가모니부처님의 일생과 공덕을 찬탄한 노래다. 〈사리영응기舍利靈應記〉는 세종대왕이 내불당과 불상을 옮기는 행사 과정에서 사리舍利가 나타나는 신비한 일이 일어났다는 것을 기록한 책인데, 이 책에 세종대왕이 직접 작곡한 7개의 곡이 수록되어 있다. 또한 〈영산회상곡靈山會上曲〉은 조선시대에 만들어진 우리나라 최초의 관현악곡이다.

영산회상재

우리나라 전통음악은 불교음악에 그 기원을 두고 있다. 영산회상이란 부처님께서 인도의 영축산에서 『법화경』을 설법하신 광경을 일컫는다. 그 때의 가슴 벅찬 감흥을 기악을 동원해 표현한 것이 영산회상곡이다.

찬불가는 근대 이후 서양음악의 영향으로 시작해, 최근에는 많은 사찰의 합창단과 불교방송 등의 대중매체를 통하여 널리 보급하고 있다.

불교무용

불교무용은 부처님의 사리를 모신 불탑을 도는 탑돌이 신앙에서 비롯했다. 불교신앙의 기쁨을 아름다운 춤으로 표출한 것이다. 조지훈 시인의 시 「승무」는 나비춤을 추는 비구니스님의 모습을 감명 깊은 시어로 노래한 것으로 유명하다.

통일신라시대의 원효대사는 표주박을 두드리며 〈무애무無碍舞〉를 추면서 〈무애가無碍歌〉를 불러 일반 백성을 교화한 기록이 있다. 무애無碍란 걸림이 없다는 뜻이다. 걸림 없는 몸짓으로 덩실덩실 춤을 추면서 이 마을 저 마을 돌아다니며 사람들의 애환을 달래고 부처님 가르침으로 희망을 주었다.

오늘날 한국의 불교무용은 '바라'라는 악기를 들고 불보살님의 강림이나 의식하는 장소의 청정함을 염원하며 추는 바라춤, 큰 북을 치면서 불법을 널리 알리는 의미로 혼자 추는 법고춤, 양손에 연꽃을 들고 마치 나비가 꽃에 사뿐히 내려 앉는 듯한 동작으로 춤을 추는 나비춤, 머리에는 고깔을 쓰고 불교의 수행법인 팔정도를 기필코 실천하겠다는 다짐을 상징하며 추는 타

바라춤

나비춤

주춤 등으로 구분한다. 아울러 불교를 소재로 한 현대적인 불교무용도 창작되고 있다.

이러한 불교무용은 불교의식을 보다 장엄하고 화려하게 하여 환희심을 불러일으키며, 모든 사람에게 부처님의 뜻을 감동적으로 전하는 역할을 한다.

생각 펼치기

- 불교음악이 우리 전통음악에 미친 영향에 대해 이야기해보자.
- 전통 불교무용인 법고춤을 감상하고 느낌을 이야기해보자.
- 찬불가 중에 한 곡을 선정하여 그 가사에 담긴 교리적 의미를 이해하고 이야기해보자.

불교의 차 문화

> 조용히 앉아 차를 마시면 향기는 언제나 처음 그 맛
> 신묘한 마음[지혜]의 작용은 물이 흐르고 꽃이 피네
>
> 추사 김정희

차를 마시면 머리가 맑아지고 마음이 차분해진다. 그 맑고 차분한 마음으로 사람을 보고 사물을 대하면 편하고 넉넉하다. 그래서 차는 예로부터 마음의 안정을 추구하는 불교와 밀접한 관계를 맺어왔다.

우리 민족의 차의 역사는 『삼국유사』에 의하면 지금으로부터 1,300여 년 전에 선덕여왕 때 차를 마셨던 기록이 있다. 사찰에서 부처님께 공양도 올리고, 스님들도 즐겨 마셨으며 특히 화랑들도 차를 마시며 심신수련을 했다고 전해진다.

고려시대에는 차 문화가 더욱 발전하여 국가 의식에는 반드시 차를 올리는 의식이 생기고 차를 담당하는 관청인 차방이 설치되었으며, 사찰 주변에는 차를 재배하는 다촌이 형성되기까지 했다.

조선시대에는 불교의 배척과 함께 대중 음료로서의 차 문화는 쇠퇴하게 된다. 그러나 양반 집안에서도 명절에는 차례가 있어 제사에 술 대신에 차를 올렸으며, 오늘날까지 '다반사茶飯事'라는 말이 전해질 정도로 우리

민족은 차를 즐겨 마셨다는 것을 알 수 있다. 다반사란 차를 마시고 밥을 먹는 일로 일상적인 생활을 의미한다.

현대사회는 과학화, 정보화 시대가 되면서 개인의 주체성과 창의성을 그 어느 시대보다 요구한다. 그러나 현대인의 생활은 갈수록 분주해지고 복잡해져 정신적 여유와는 거리가 멀어지고 있으며, 이를 해결하는 좋은 방법의 하나가 차 생활문화다.

차 생활문화는 몸과 마음을 닦고 단련하는 일종의 수양이다. 차 생활을 통해 윗사람과 손님을 대하는 예의범절을 익힐 수 있으며, 차 자리에서는 평등을 추구하므로 타인의 말을 경청하고 자기 의사를 표현하는 열린 대화법을 터득할 수 있다. 또한 다판 위의 합리적 질서와 법도는 사소한 것도 소중하게 다루게 하며, 차 한 잔의 물에서 생명의 근원과 진리를 배우고 자연을 사랑하는 법을 배운다.

불교 수행법 중의 하나인 참선과 차 생활은 함께 이루어진다. 선다일여禪茶一如의 뜻은 참선과 다도가 둘이 아닌 하나라는 것이다. 이와 비슷한 의미로 선다일미禪茶一味라는 말이 있는데 차를 마시는 것이나 참선하는 것은 똑같은 경지의 한맛이라는 뜻이다. 이 말은 차 생활문화가 참선의 경지와 같이 차원 높은 정신문화임을 강조한다. 인간의 일상생활 그 모두가 깨달음을 향하는 선의 생활이기 때문에 차를 마시는 일이나 참선하는 일이 다르지 않음을 의미한다.

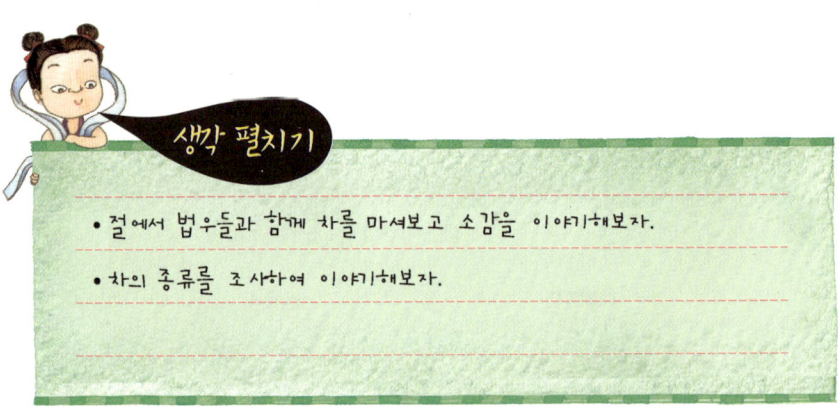

- 절에서 법우들과 함께 차를 마셔보고 소감을 이야기해보자.
- 차의 종류를 조사하여 이야기해보자.

 지혜BOX

차 생활의 효과

하나, 차 생활은 정신을 맑게 하고 마음을 안정시킨다.

      차를 마실 때 눈으로 다구와 찻물과 찻잎을 보고

      코로는 차의 향기를 맡고, 혀로는 맛을 즐기며

      손으로는 도자기 찻잔의 촉감을 즐기며

      귀로는 찻물 끓는 소리를 들으면 심신이 차분해지며 맑아진다.

둘, 차 생활은 물을 통해 마음을 정화한다.

      차를 마시며 맛과 향기를 세밀하게 느끼려고 노력하게 되어

      손에 든 찻잔 속의 찻물이 사람의 의식과 시선을 붙잡는다.

      물을 통해 자연과 도를 생각하게 하며, 순수성을 회복하게 한다.

셋, 차는 정신을 차리게 한다.

      차의 성분 중 카페인이 들어 있는 차는 각성 효과를 나타내기도 한다.

불교와 건강

쾌락만을 좇아다니면서 오관의 욕구를 막지 못하고 게으르며, 약마는 음식을 절제하지 못하고 저속한 생활을 하는 사람을 쉽게 넘어뜨린다. 마치 연약한 나무를 바람이 넘겨버리듯이.
「법구경」

불교는 인간의 생로병사生老病死에 대한 문제 인식과 해결에 가장 큰 비중을 두는 종교이다. 왜냐하면 부처님의 출가가 세속의 무상함과 아울러 인생의 생로병사를 해결하고자 단행한 것이기 때문이다. 사람은 태어난 이상 병들어 죽지 않을 수 없다.

『열반경』에서는 '사람은 한 번 죽지 않으면 안 된다. 빛은 한 번 어둠이 되지 않으면 안 된다. 이것이 우주의 가르침이다. 일체 세계에 태어난 것은 모두 죽음으로 돌아간다'라고 말한다.

초로인생이란 말처럼 우리 인간은 한 떨기 풀잎에 맺힌 새벽이슬 같은 존재이다. 그러나 사는 동안만은 건강한 마음과 몸을 지탱할 수 있도록 노력해야 한다. 언젠가 사라질 육체일망정 건강한 몸과 정신으로 생로병사를 극복해야 한다.

그렇다면 불교에서 말하는 건강을 지키는 비결은 무엇인가?

첫째는 몸과 마음의 조화이다.

우리의 몸은 허공에 떠 있는 한 조각 구름처럼, 잠시 인과 연으로 결합한 존재로써 서서히 사라져 간다. 또한 육신은 마음에 따라 움직이는 종과 같아서 마음의 움직임에 지배를 받는다. 육신의 건강은 마음의 건강이 전제되어야 한다. 그래서 불교에서는 몸과 마음의 조화를 꾀한다. 그중 하나의 방법으로 호흡 수행이 있다.

잡아함 제29권 『안나반나념경』에서는 이렇게 말한다.

> 호흡을 관찰하는 수행[修息觀]을 닦아 익혀라. 만약 수행자가 수식관을 닦아 익히면 몸과 마음이 쉬게 되고 거친 생각과 미세한 생각이 순일해지며, 순수하고 분명한 생각을 닦아 만족하게 된다. 이러한 수행은 어떻게 하는가?
>
> 먼저 여러 감각기관을 잘 단속하고 고요한 방이나 나무 밑에 몸을 단정히 하고 앉는다. 생각은 눈앞에 매어두고 탐욕과 성냄과 수면과 들뜬 생각과 의심을 모두 단절해버린다. 그런 뒤 숨을 들이쉬거나 내쉴 때는 오직 숨을 쉰다는 것에만 생각을 집중한다. 들숨 때는 숨이 들어오고 있구나, 날숨 때는 숨이 나가고 있구나 하고 관찰한다. (…중략…) 이렇게 닦으면 몸과 마음이 쉬게 되고, 거친 생각과 미세한 생각이 순일해지며, 순수하고 분명한 생각을 닦아 만족스러워진다.

호흡 수행뿐만 아니라 불교의 모든 수행은 몸과 마음을 이완시킨다. 수행

은 몸과 마음을 유연하고 부드럽게 해주어 신체의 조화를 돕는다. 그래서 수행을 통해 많은 사람이 건강을 회복하는 실정이다.

둘째는 음식이다.
인간의 몸은 하루도 음식 없이 살 수 없다. 끊임없이 먹고 마시는 음식으로 유지되기 때문에 어떤 음식을 언제 어떻게 먹느냐가 건강을 결정 짓는다.
부처님이 사위성의 기원정사에 계실 때 코살라국의 파사익 왕이 찾아와 하소연한 적이 있다. 그는 맛있는 음식을 보면 참지 못하고 숨이 가빠질 때까지 먹는 버릇이 있다고 했다. 그 결과로 자꾸 살이 쪄서 움직일 때마다 숨이 차고 땀이 나고 창피하기까지 하다는 것이었다. 그 말에 부처님은 게송으로 화답했다.

"사람은 마땅히 음식의 양을 헤아려 먹을 때마다 절제할 줄 알아야 한다. 그래야 과식에서 오는 괴로움을 줄이고 건강도 하고 장수를 누릴 수 있으리라."

불교에서는 어느 한 쪽으로 치우치는 것을 경계한다. 모자라도 안 되지만 지나쳐도 탈이다. 열심히 하는 것은 좋지만 지나치면 안 된다. 과도하게 지나치면 마음이 급하게 달아올라 온몸에 탈이 난다. 적당한 휴식도 중요하지만 게을러서도 안 된다. 다이어트도 마찬가지다. 과식도 좋지 않지만

영양실조가 되도록 굶는 것도 좋은 방법이라고 볼 수 없다.

셋째는 절 수행이다.

인간의 몸은 뼈와 근육으로 구성되어 있기 때문에 튼튼한 뼈와 근육의 조화는 건강의 필수 조건이다. 불교에서 이를 위한 대표적인 것이 절 수행이다. 삼보에 예경하는 삼배는 기본이거니와 여건에 따라 108배, 1080배 또는 3000배 수행도 있다. 절은 존경의 표시다. 자기라는 존재를 완전히 상대에게 내맡긴다는 의미이며 교만심을 버리고 하심下心과 겸손을 나타내는 태도이다.

특히 불자들은 삼보님께 오체투지의 예를 올리는데, 이것은 우리나라 전통 예법인 큰절의 원형을 그대로 유지하면서도 몸의 다섯 부분인 두 무릎, 두 팔꿈치, 이마를 땅에 닿게 함으로써 자신을 무한히 낮추고 상대를 최대한 높이는 존경의 몸동작이다.

그러므로 절을 하며 정성과 겸손, 존경의 마음이 우러나올 때 어지러운 마음이 가라앉고, 맑은 마음 바탕 위에 지혜가 샘솟는다.

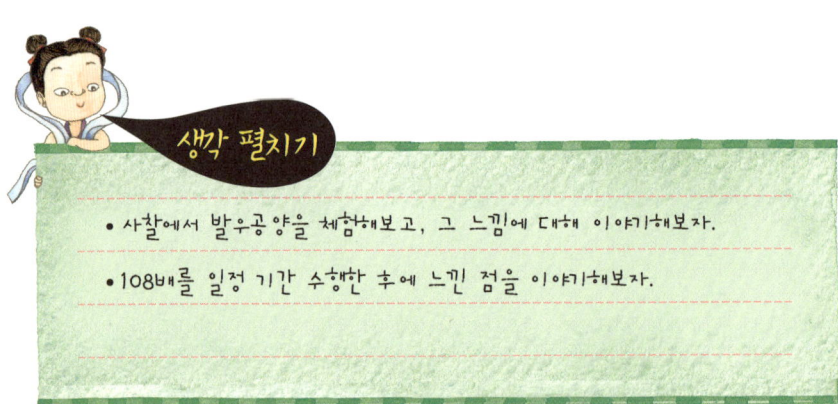

생각 펼치기

- 사찰에서 발우공양을 체험해보고, 그 느낌에 대해 이야기해보자.
- 108배를 일정 기간 수행한 후에 느낀 점을 이야기해보자.

지혜 BOX

오관게

이 음식이 어디에서 왔는가?
내 덕행으로는 받기가 부끄럽네.
마음의 온갖 욕심 버리고
몸을 지탱하는 약으로 삼아
도업을 이루고자 이 음식을 받습니다.

오관게의 내용

- 이 공양이 여기에 오기까지 많은 사람의 피와 땀이 배어 있음을 헤아리고   은혜
- 자기의 덕행이 공양을 받기에 부끄럽지 않은가를 생각한다   자격
- 마음을 악으로부터 보호하고 삼독을 버리는 것이 으뜸이니   이유
- 이 음식을 약으로 알아 육신의 고달픔을 치료하여   육신의 건강을 위하여
- 도업을 이루고자 이 공양을 받습니다   수행을 위하여

불교문학

> 만약 누구든 감로가 필요하면 그 사람은 진실한 말에 머물러야 하고
> 독약이 필요하거든 그 사람은 거짓말을 하여라.
> 『정법염처경』

문학은 글로 사람들에게 감동을 주어 물무늬 같은 파장을 일으킨다. 불교문학은 부처님 말씀을 토대로 문학적 표현을 빌려 사람들에게 불교의 세계관을 소개한다. 불교문학의 범주는 좁은 의미로는 불교 경전에 스며 있는 문학 사상을 뜻하지만 넓은 의미로는 부처님의 사상과 세계관을 주제로 다룬 모든 문학을 의미한다.

경전의 가르침은 우리를 삶의 어둠에서 벗어나게 하고, 고통과 슬픔을 이겨내게 하며, 어리석은 자를 지혜롭게 한다. 그러므로 부처님의 가르침을 기록한 경전 그 자체가 가장 훌륭한 문학이며, 문학 중의 문학이라고 찬탄하여 이를 경전문학이라고 표현한다.

경전문학을 성격별로 구분하면, 부처님의 전생이야기를 기록한 본생담이 있다. 설산동자 이야기나 연등부처님을 맞이하는 선혜 청소년의 이야기 등은 모두 본생담에 속한다. 또 검은 쥐와 흰 쥐, 떡 먹는 부부, 머리 둘 달린 새 등의 이야기처럼 어리석은 허망함을 일깨우는 내용이 있다. 이외에

도 부처님의 생애를 산문이나 운문 형식의 감동적이고 아름답게 표현한 불전문학이 있다.

이러한 경전문학은 종교적 가르침이 주목적이었다. 우리나라에서 본격적인 불교문학이 성행한 것은 통일신라시대의 향가에서 그 근원을 찾을 수 있다. 향가의 작가는 대부분 스님과 불자였고 내용도 주로 불교적 소재를 다루었다.

세상을 먼저 떠난 누이의 죽음을 애통해하며, 다음 생애에 다시 만남을 기약하는 월명 스님의 〈제망매가祭亡妹歌〉는 불교적 내세관을 애절하게 표현했다. 〈도솔가〉, 〈도천수관음가〉, 〈원앙생가〉 등에도 고려시대에는 화엄사상의 대가였던 균여대사가 화엄사상을 노래로 지어 대중을 쉽게 교화한 보현십원가 11수가 있다.

『삼국유사』에 수록된 단군신화, 사찰의 창건이야기 또는 큰스님의 마음을 일깨우는 일화 같은 많은 설화는 불교 설화문학으로 정착했다. 스님들이 깨달음의 기쁨을 선적으로 표현한 오도송이나 깨달음을 인정하는 전법게 등의 선시는 불교적 가치뿐 아니라 문학사적 의미에서도 매우 중요하다.

조선시대 초기에는 왕실이 중심이 된 『석보상절』, 〈월인천강지곡〉, 『월인석보』 등의 훈민정음으로 쓰인 불교문학이 출현했다. 조선후기에는 『심청전』, 『구운몽』 등 불교적 세계관을 바탕으로 쓴 소설이 등장하며, 가사와 한문소설, 선시 등도 많은 수가 전해진다. 이처럼 우리 민족의 심성 속에 깊이 자리 잡은 불교는 근대 이후 문학에 깊이 내재되어 만해 스님의

시집 『님의 침묵』에서 절정을 이루며, 서정주, 조지훈, 등의 시는 물론 김동리, 이광수 등의 소설에도 큰 영향을 미쳤다.

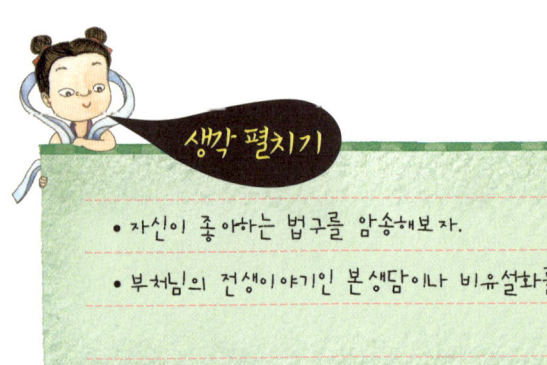

생각 펼치기

- 자신이 좋아하는 법구를 암송해보자.
- 부처님의 전생이야기인 본생담이나 비유설화를 읽고 느낌을 이야기해보자.

지혜BOX

제망매가

신라 경덕왕 때 월명사(月明師)가 지은 10구체 향가로 『삼국유사』에 의하면 이 노래를 지어 죽은 누이를 위해 재를 올릴 때, 홀연 광풍이 일어 종이로 만든 지폐가 서쪽을 향해 날아갔다고 한다.

제망매가 _월명사_

生死路는
예 이샤매 저히고
나는 가는다 말ㅅ도
몯다 닏고 가는닛고
어느 ᄀᆞᄉᆞᆯ 이른 ᄇᆞᄅᆞ매
이에 저에 ᄠᅥ딜 닙다이
ᄒᆞ듄 가재 나고
가논곧 모ᄃᆞ온뎌
아으 彌陀刹애 맛보올 내
道닷가 기드리고다

#07
불교미술의 아름다움

호기심박스

★ 사찰은 무엇을 하는 곳이며, 많은 전각은 어떤 용도로 건립되었는지 알아보자.
★ 불탑의 의미와 우리나라 불탑과 승탑의 특징에 대해 알아보자.
★ 불교 조각, 불교 공예, 불교 회화에 대해 살펴보고 그 특징을 이해한다.

불교 건축

==사찰 그곳은 생불生佛을 만드는 도량道場이다. 생불을 염원하는 중생이 사찰이라는 공간 속에 뛰어들어 부처님을 본받아 피나는 정진을 쌓아가는 곳이다.==

『사찰, 그 속에 깃든 의미』

사찰 건축

사찰은 불상을 봉안하여 모시는 신성한 공간이며 스님과 불자가 수행하고 정진하는 곳이다. 주로 법회를 여는 공간도 이곳 사찰이다. 역사상 최초의 사찰은 인도의 죽림정사竹林精舍이다. 우리나라에서는 고구려 소수림왕 2년372년에 중국 순도 스님*이 불교를 전래하여 이불란사伊弗蘭寺와 초문사肖門寺가 창건되었다. 그 후 현재까지 전국 각지에 많은 사찰을 건립하여 많은 사람의 정신적인 귀의처가 되고 있다.

원래 사찰을 의미하는 절[寺]은 중국에서 외교사절을 맞이하는 관청을 뜻했다. 이것은 불교를 처음으로 수용할 때의 사정을 짐작하게 하는 사례이기도 하다.

❋**순도 스님** 고구려 소수림왕 2년 6월에 전진의 왕 부견의 사신과 함께 불상, 경전 등을 가지고 와서 우리나라에 처음으로 불교를 전한 승려이다. 소수림왕 5년에 성문사省門寺를 지어 살게 했다. 인도 사람이라고도 하고, 혹은 진나라, 위나라 사람이라고도 한다.

불교미술의 아름다움

봉화 청량사 전경

또한 우리나라의 경우, 일반 민간 건축과는 달리 사찰과 궁궐이 동일한 건축양식이라는 것도 같은 의미이다.

우리나라에서는 사찰을 규모와 성격에 따라 절, 암자, 가람, 정사 등 여러 명칭으로 부른다. 사찰의 중요한 구성 요소는 사리를 모신 탑과 불상을 모신 전각殿閣과 스님들의 수행공간인 승원僧院이다. 전각은 금당金堂 또는 법당法堂이라고도 한다. 부처님을 금인金人이라 불렀기에 금당이며, 그곳에서 부처님의 가르침이 펼쳐지기에 법당이다. 뿐만 아니

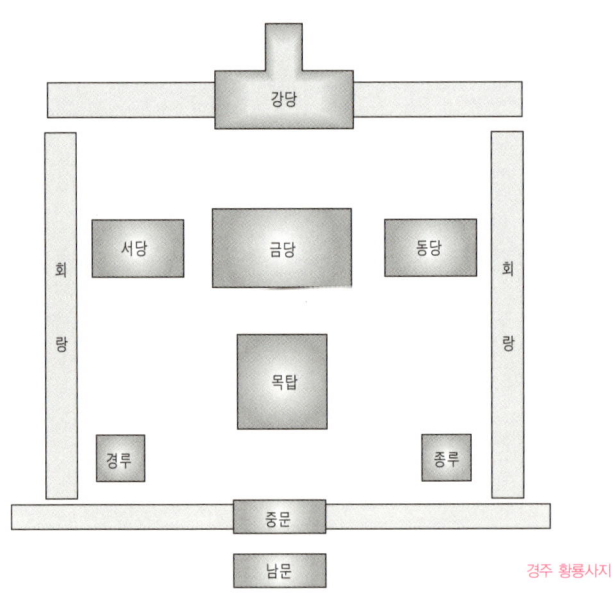
경주 황룡사지 가람 배치도

라 스님들이 경전과 계율을 공부하는 장소를 강당이라 하며, 경전을 보관하는 장경각도 모두 당에 해당한다.

사찰 구조는 사찰마다 각기 다른 특색을 이루고 있으나, 크게 보면 대부분 금당, 탑, 승원 등을 복합한 형식이다. 전각의 구체적인 명칭은 전각에 주인공으로 모신 부처님이나 보살님의 명칭에 따라 다양하게 불린다.

사찰의 출입문

사찰로 들어서는 곳에는 싱그러운 바람이 불어오고 퉁탕거리며 흐르는 계곡이 펼쳐진다. 계곡에는 부처님 세계인 불국토와 사바세계를 연결하는 다리가 있는데, 이 다리를 극락교 또는 해탈교라 한다. 해탈교를 지나 울창한 나무 사이를 지나면 일주문에 도착하기 전에 하마비下馬碑를 만날 수 있다. 옛날 말이나 가마를 타고 절에 갈 때, 하마비가 있는 곳에서부터는 말이나 가마에서 내려야 한다는 표시다. 하마비는 사바세계에서 큰 권세가 있는 사람이라도 여기서부터는 모두가 똑같은 부처님의 제자라는 하심下心을 의미한다.

하마비

당간지주

하마비를 지나 다시 올라가면 옛날 솟대와 같은 구실을 했던 당간지주가 있다. 당간지주는 깃대를 지지하던 것인데, 절에 법회나 행사가 있을 때 깃발을 달았다.

당간지주를 지나면 문이 쭉 들어서 있다. 그것을 산문山門이라 한다. 일반적으로 문門은 건물의 구역을 드나들 때 이용하는 구조물이지만 사찰에서는 상징적 의미를 부여해 문을 건립한다. 제일 먼저 만나는 문을 일주문一柱門이라 하는데, 기둥이 한 줄로 서 있다고 해서 일주문이라고 부른다. 이 일주문을 기준으로 일주문 밖은 세상 사람들이 사는 속세, 일주문 안은 부처님의 세계인 불국토로 구분한다.

일주문

금강문

그다음에는 금강문金剛門이 있다. 금강문은 인왕문仁王門이라고도 한다. 부처님의 세계를 수호하는 두 분의 금강역사가 있는데 일종의 문지기 역할을 한다. 이들이 인왕仁王이다. 왼쪽에는 입을 벌린 밀적금강이 있고, 오른쪽에는 입을 다문 나라연금강이 있는데 이는 우주 만물의 처음과 끝을 상징한다.

사찰로 들어서는 중간 지점에 있는 천왕문天王門은 불국토를 지키는 동서

지국천왕　　　광목천왕　　　증장천왕　　　다문천왕

남북의 사천왕四天王을 모시는 문이다. 동쪽의 지국천왕은 푸른색의 얼굴빛에 검을 들고 있으며, 서쪽의 광목천왕은 흰색의 얼굴빛에 삼지창과 보탑을 양손에 쥐고 있다. 남쪽의 증장천왕은 붉은색의 얼굴빛에 용과 여의주를 들고 있으며, 북쪽의 다문천왕은 검은색의 얼굴빛을 띠며 비파를 들고 있다. 얼굴색은 오방색을 나타내는데, 동북아시아의 오행설과 관련되어 있다. 그러나 지물은 반드시 일치하지 않는데, 이는 경전마다 시대마다 다르게 서술되어 있기 때문이다. 위에서 서술한 내용은 조선후기에 나타난 사천왕상을 근거로 한 것이다.

마지막으로 불이문不二門이 있다. 불이문을 해탈문, 또는 극락문이라고 한

해탈문　　　　　　　　　　　　　　　　불이문

불교미술의 아름다움

다. 이 문은 모든 차별이 없는 절대 진리의 세계인 해탈의 경지에 이르는 문이란 뜻으로 일주문에서는 가장 멀리, 사찰의 중심 법당에서는 가장 가까운 곳에 있는 문이다.

누각과 법당

누각이란 사방을 훤히 바라볼 수 있도록 높고 넓게 지은 다락 형식의 건물을 말한다. 이곳은 보통 법회나 스님들의 경전 공부 또는 대중의 집회 장소로 활용된다. 누각의 이름은 만세루, 보제루, 안양루 등 그 이름도 매우 다양하다.

우리나라 전통 사찰의 경우 보통 이 누각 밑에 해탈문이 있다. 그러니까 해탈문이 1층 역할을 한다면 누각은 2층인 셈이다. 그런데 전면에서 보면 2층인데 법당 쪽에서 보면 2층 누각이 1층처럼 보인다. 그 이유는 해탈문을 지나 1층 정도 높이의 계단을 올라서면 사찰의 중심 공간이 펼쳐지기 때문이다.

안양루

요사

대웅전과 석탑

삼성각

누각을 빠져나오면 넓은 마당 좌우에 여러 건물이 늘어서 있다. 그곳은 스님들이 수행하면서 기거하는 공간으로 요사寮舍라고 하며 스님들의 수행 공간이기 때문에 승원이라 한다.

그리고 마당 한가운데는 천년의 세월이 숨 쉬는 탑이 당당하게 서 있다. 거기서 탑돌이를 하고 앞을 바라보면 중심 법당이 눈에 들어온다. 그 법당에 부처님이 앉아 계시면서 자비의 미소를 보낸다. 그리고 법당 뒤편에는 산신각, 칠성각 등이 자리 잡고 있다.

생각 펼치기

- 사찰의 산문을 들어서며 합장 반배하고 경내를 걸어보고 그 느낌을 이야기해보자.
- 사찰의 구조와 의미를 조사하여 이야기해보자.

불교미술의 아름다움

지혜 BOX

전각	불상 존상	내용
대웅전	석가모니부처님	석가모니부처님을 위대한 영웅이라 해서, 대웅大雄이라 하며 석가모니부처님을 모신 곳이다.
대웅보전	삼세여래 석가모니부처님 아미타부처님 약사여래부처님	석가모니부처님을 중심으로 아미타부처님, 약사여래부처님을 모신 곳이다.
팔상전	석가모니부처님 미륵부처님 제화갈라보살	석가모니부처님의 중요한 일대기를 여덟 가지 모습 팔상八相으로 묘사해서 모신 곳이다.
대적광전 비로전	비로자나부처님 노사나부처님 석가모니부처님	진리 그 자체는 말과 모습을 떠나 있어 고요하다. 그 진리를 상징하는 비로자나부처님 또한 침묵하고 계시지만, 찬란한 빛을 발해 세상을 비춘다. 그래서 비로자나부처님을 모신 곳을 대적광전大寂光殿이라 하는데, 우주의 본체인 비로자나부처님을 중심으로 노사나부처님과 석가모니부처님을 모신다.
극락전 미타전 무량수전	아미타부처님 관세음보살 대세지보살 혹은 지장보살	극락전極樂殿은 아미타부처님을 모신 곳이다. 아미타부처님은 서방극락정토의 주불이자, 수명이 무량하기 때문에 무량수불이라고도 한다. 그래서 아미타부처님을 모신 곳을 무량수전無量壽殿이라고도 한다. 관세음보살과 대세지보살혹은 지장보살이 아미타부처님 옆에서 도움을 주기에 같이 모신다.

지혜BOX

전각	불상 존상	내용
약사전	약사여래부처님 일광보살 월광보살	약사전藥師殿은 약사여래부처님을 모신 곳이다. 약사여래부처님은 동방 약사유리광세계의 주불로, 질병 치료와 수명 연장, 재앙 소멸 등을 통해 중생을 제도한다.
용화전 미륵전	미륵부처님 법화림보살 대묘상보살	용화전龍華殿은 미륵부처님을 모신 곳이다. 미륵부처님은 석가모니부처님으로부터 미래에 성불하리라는 수기를 받고 56억 7천만 년 후 사바세계에 출현하여 중생을 구제하기로 예정된 부처님이다. 미륵부처님이 출현하는 세계가 용화세계다.
원통전 관음전	관세음보살 남순동자 해상용왕	원통전圓通殿은 관세음보살을 모신 곳이다. 관세음보살은 항상 중생의 소리를 듣고 온갖 고통에서 구제하는 대자대비한 보살님으로, 관세음보살은 귀로 듣는 것에서는 원만하고 걸리는 바가 없어 원통圓通보살이라고도 한다.
명부전 지장진	지장보살 노병손자 무독귀왕 지옥십왕	명부전冥府殿 또는 지장전地藏殿은 지장보살을 모신 곳이다. 지옥 중생을 구제하기 전에는 결코 성불하지 않겠다는 지장보살을 모셨다. 지옥세계를 명부冥府라고도 해서 명부전이라고도 한다.

약사전

미륵전

원통보전

명부전

불탑의 세계

탑을 세운 후에 천지가 비로소 태평하고 삼한이 통일되었으니 어찌 탑의 영험이 아니겠는가?

『삼국유사』 탑상 황룡사 9층탑

탑의 의미

탑이란 불교의 교조이신 석가모니부처님의 무덤을 말한다. 산스크리트어 스투파 Stūpa에서 유래했다. 스투파를 졸도파, 수두파, 탑파 등으로 번역해 사용하다가 줄여서 탑이라고 하였다.

탑은 본래 부처님의 유골인 수행의 결정체로서 영롱하게 빛나는 사리舍利를 봉안하기 위해 만든 건축 구조물이다. 석가모니부처님의 사리는 부처님의 진정한 몸을 상징하기 때문에 진신사리眞身舍利라 한다.

석가모니부처님께서 사라쌍수 아래에서 열반에 드신 후 그 당시 풍습에 따라 화장을 했다. 그때 나온 사리를 인도의 여덟 나라에서 나누어 가져다가 각기 탑을 세우고 생전의 부처님처럼 모셨다고 한다. 이것을 근본 8탑이라고 한다. 말하자면 이때부터 사리신앙과 더불어 불탑이 세워지기 시작했다.

그 후 약 백 년이 지난 뒤 아쇼카 왕이 이전에 세운 8개의 탑을 해체한 뒤

사리를 다시 팔만 사천으로 나누어 전국에 팔만 사천 개의 사리탑을 세웠다고 한다. 그 이후 전 세계의 모든 불교국가에서는 불탑에 예배하는 불탑신앙이 이어져 내려온다.

그리고 중국과 우리나라에 불교가 들어와서는 부처님의 진신사리 대신 불경이나 다라니 등의 법신사리法身舍利를 봉안한 탑도 세웠고 스님들의 유골을 모신 승탑부도도 세웠다. 법신이란 진리의 몸이라는 의미로 경전

중국 숭악사탑　　　　　　　　　일본 법륭사 5층 목탑

중국 소림사 탑림

의 부처님 말씀이나 다라니는 진리 자체를 상징하기 때문에 법신사리라 불린다.

우리나라의 불탑

우리나라에서는 불교가 수용되기 이전부터 불탑이 세워졌다. 요동성 육왕탑의 이야기나 현재 김해에 있는 금관성 파사석탑을 예로 들 수 있다. 그러나 불교를 본격적으로 신앙하던 삼국시대에는 주로 나무를 이용해 불탑을 세웠지만 현재에는 그 터만 확인할 수 있다. 다만 백제시대의 익산 미륵사지탑과 부여 정림사지 5층 석탑, 그리고 신라시대의 분황사 모전석탑 등은 목탑 형식이지만 화강암이나 안산암으로 만들었기 때문에 현재까지 전해진다.

우리나라 초기 불탑은 대부분 목조 건축물처럼 탑 안에서 예배할 수 있는 신앙 활동의 공간이었다. 그러나 본격적으로 불상을 제작하고 전각을 세우게 되자 불탑은 상징적 의미로 인식되어 사찰의 중심 구조를 이루었다.

부여 정림사지 5층탑   경주 분황사 모전석탑

통일신라시대를 거쳐 고려시대, 조선시대뿐 아니라 오늘날에도 불탑은 꾸준히 세워지고 있다. 또한 탑돌이 등의 불탑신앙은 후손에게까지

물려줄 아름다운 우리 민족의 정신문화로 계승되고 있다.

탑의 종류

인도의 탑은 초기에는 무덤과 같은 층수가 없는 주발을 엎어 놓은 형태로 복발형覆鉢型이라 하는데, 산치대탑이 이러한 모습을 잘 보여준다. 그러나 중국을 거쳐 우리나라에 들어와서는 목조 누각 건축물의 형태를 따라 층수가 생기면서 3층, 5층, 7층, 9층, 13층 등 주로 홀수 층의 형태를 보인다. 면은 4면을 기본으로 하고, 6면, 8면, 원형으로 짝수를 이루어 음수와 양수의 조화를 이룬다.

인도 산치탑

화순 쌍봉사 목탑

일반적으로 탑을 분류할 때 겉모습에 따라 불국사의 석가탑을 모형으로 정형탑과 여기에서 양식이 자유로운 이형탑으로 크게 분류하며, 탑의 재료에 따라 목탑, 석탑, 전탑, 모전석탑, 금동탑, 청동탑, 철탑 등으로 구분한다.

불교미술의 아름다움

탑의 구조

탑은 크게 기단부, 탑신부, 상륜부 세 부분으로 구분한다. 일반적으로 부처님의 사리는 목탑인 경우는 기단부 밑에, 석탑인 경우에는 탑의 중심 몸체 해당하는 탑신부에 모신다.

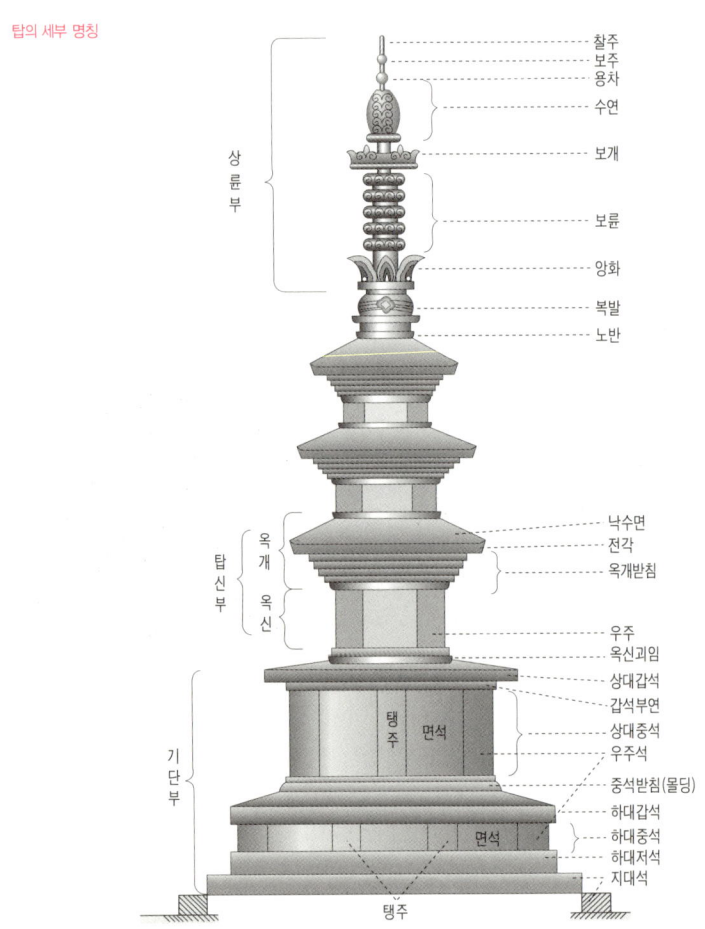

탑의 세부 명칭

부처님 진신사리를 모신 곳을 적멸보궁寂滅寶宮이라 한다. 적멸이란 모든 번뇌의 불꽃이 꺼진 평화로운 상태를 의미하며 그러한 적멸의 상태에 들어간 부처님이 계신 궁전이라 하여 적멸보궁이라 부른다. 통도사, 봉정암, 정암사, 상원사, 법흥사 등이 5대 적멸보궁이다. 이런 사찰의 중심이 되는 전각에는 부처님의 진신사리가 모셔져 있기 때문에 따로 불상을 모시지 않는다.

법신사리란 부처님의 가르침인 경전을 탑 속에 모신 것으로 다양한 경전이 있으나 무구정광대다라니경, 조탑경 등을 모셨다. 부처님의 진신사리는 수량의 한계가 있어 이를 극복하고자 법신사리를 모시게 되었다.

승탑

승탑은 다른 말로 부도라 부른다. 중국에서 시작된 선종에서는 선풍을 크게 일으킨 조사스님 등에 대해 부처님에 버금가는 예의를 지켰기 때문에

수종사 부도 금제탑

합천 해인사 성철 큰스님 사리탑

백화암 부도탑

스님이 열반하시면 다비식 후에 유골을 승탑에 모셨다. 우리나라에서는 선불교의 유입과 동시에 승탑이 세워졌다.

생각 펼치기

- 불탑과 승탑의 차이점에 대해 이야기해보자.
- 다른 나라와 우리나라 불탑의 특징을 비교해보자.
- 불탑은 미술품이나 장식품이 아닌 부처님의 무덤임을 인식하고 불탑을 대하는 마음가짐에 대해 이야기해보자.

사리장엄구 舍利莊嚴具

탑신, 기단, 상륜 그리고 심초석 아래 땅 밑에 사리를 모신다. 하지만 그 안에 사리만 넣지 않고, 겹겹으로 차림새를 갖춰 모시는데, 아울러 장엄을 겸한 여러 부장 공양물도 함께 넣는다. 이와 같은 부장 공양품과 사리 그릇을 함께 일러 사리장엄구 또는 사리장치라고 한다.

사리장엄구는 믿음의 상징이자 신앙심의 표상으로 겹겹의 그릇마다 표면에는 최대한 장엄을 한다. 그 안에는 불상과 탑, 경전과 경문, 곡옥, 칠보, 장신구, 방울, 향, 거울, 동전, 그리고 금·은·동으로 만든 여러 장식구 등의 공양물을 가득 채운다. 그러므로 사리장엄구는 공예품으로서의 뛰어난 예술적 가치를 헤아릴 수 있게 해주는 것이라 할 수 있다.

분황사 탑 공양품

그러나 무엇보다도 가장 깊숙한 곳에 자리하는 사리야말로 중생 모두에게 부처님의 끝없는 가르침을 알려주고, 선근공덕을 심는 복전으로서의 그 믿음자리를 깨닫게 해주는 까닭에 사리장엄구가 갖는 의의는 매우 크다고 하겠다.

불교 조각

부처님 형상을 만드는 사람은 눈은 처음부터 상하지 않고 뒤에는 또 하늘눈을 얻어 온몸이 완전해 이지러짐 없고 그 뜻은 단정해 미혹하지 않으며 힘은 남보다 몇 곱이나 된다. 또한 삼악도에 안 태어나 천상의 왕이 되니 불상을 만든 공덕은 이러하니라!

「증일아함경」「청법품」

불상의 탄생

불교 조각은 불자들의 예배 대상이 되는 부처님상 뿐만 아니라 보살상, 명왕상, 나한상, 신중상, 조사상 등의 모든 불교 내용의 조각상을 말한다. 그중에 부처님상을 흔히 불상이라고 표현한다.

삼존불

불상 조성 유래는 부처님이 어머니인 마야 부인을 만나려고 하늘나라에 올라가 내려오지 않자 인도의 우전 왕과 파사익 왕이 부처님이 너무 그리워서 부처님의 형상을 향나무 등으로 만든 데서 비롯했다고 한다. 그러나 이러한 전설 같은 이야기와는 달리 실지로는 석가모니부처님이 열반에 드시고 약 500년 동안 불상은 만들지 않고 사리탑이나 법륜, 보리수, 연화좌 같은 상징물로 불상을 대신하여 예배의 대상으로 삼았다.

기원전 1세기경, 알렉산더 왕의 인도 원정으로 헬레니즘 문화가 인도에 유입된다. 헬레니즘 문화는 그리스신화에 등장하는 다양한 신을 아름답게 조각했는데, 불자들은 그러한 조각품에 자극을 받아 드디어 부처님을 형상으로 만들어 모시고 찬탄과 공경, 예배를 드리고 마음의 평화를 도모했다.

우리나라의 불상

우리나라는 삼국시대 불교가 전래되면서 불상을 조성하기 시작했다. 539년으로 추정되는 고구려의 연가 7년명 금동불입상은 제작 연대를 알 수 있는 불상 중에서 가장 오래된 불상으로 꼽힌다.

백제시대의 대표적인 불상은 충남 서산 바위에 새긴 삼존불상과 태안의 마애삼존불이 유명한데 신비에 가까운 따듯한 미소와 자연스러운 곡선에서 부처님의 자비를 느낄 수 있다.

통일신라시대에는 불교 조각이 발달하여 그 절정을 이룬다. 경주 석굴암 본존불이 그 대표적인 예로 예술성의 극치를 보여준다. 완벽한 균형미와 조화미를 이룬 석굴암 본존불은 인류 역사상 가장 뛰어난 조각 작품으로도 인정받지만 무엇보다도 경건함과 신앙심을 유발하는 불교 조각 작품이다.

석굴암 본존불

불상의 특징

깨달음을 얻은 부처님에게는 두드러진 신체적 특징이 있다. 크게는 32가지, 자세하게는 80가지가 있다. 그것을 전문 용어로 〈32상相 80종호種好〉라고 한다.

몸은 금색이며, 신체 주위에는 저절로 빛이 비치고, 손가락과 발가락 사이에 물갈퀴가 있으며, 양팔은 길어서 무릎까지 내려오며, 머리 위에 살이 혹처럼 솟아있으며, 눈썹 사이에 난 희고 부드러운 털이 오른쪽으로 말려 있는 모습 등이다.

그러나 발가락 사이에 물갈퀴 같은 모습은 실제로 표현하면 흡사 괴물같이 보이기 때문에 형상화하거나, 표현하지 않고 자비스러운 면모만 최대한 강조한다. 그러다 보니 어떤 부처님상이든 대부분 비슷하다.

그렇다면 아미타부처님, 비로자나부처님, 석가모니부처님 등 많은 부처님을 어떻게 구분하는가? 여러 가지 방법이 있지만, 수인手印으로 구분하는 것이 대표적이다.

불상의 재료

불상의 재료로는 돌, 흙, 나무, 천, 종이, 옥, 금속 등이 쓰인다. 석불은 돌로 만든 불상을 말한다. 불상 제작 초기부터 만들어졌던 것으로 가장 일반적인 불상 형태이다. 우리나라에서는 화강암으로 만든 불상이 많이 남아있다. 흙으로 만든 불상을 소조불塑造佛이라 한다. 고려시대에 조성된 국보 제 45호인 부석사 소조불이 유명하다.

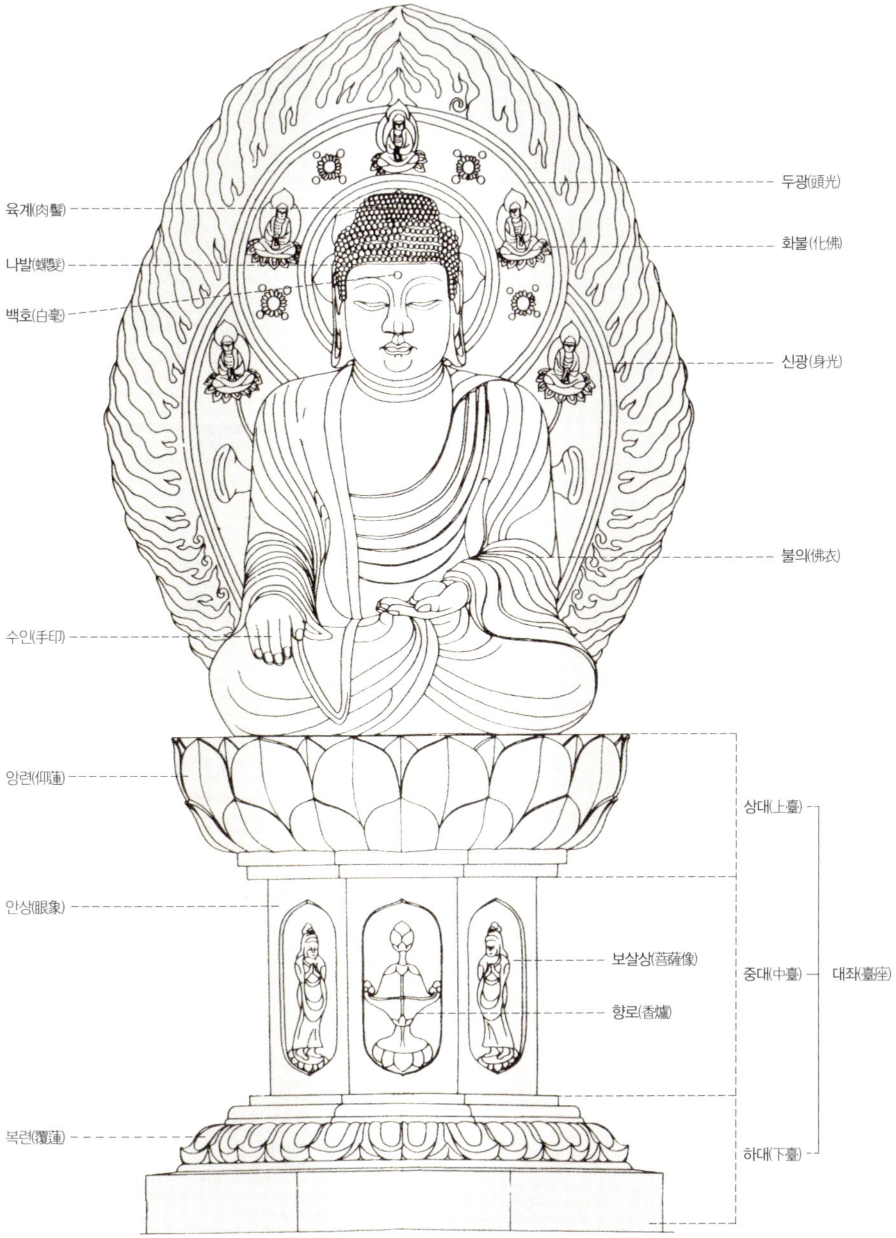

불상의 세부 명칭

불교미술의 아름다움

커다란 암벽에 부조 또는 선각 등으로 얕게 새긴 불상을 마애불이라 부르는데 우리나라에서는 삼국시대부터 제작되기 시작하여 경주 남산 마애불상군을 비롯해 서산 마애삼존불, 태안 마애삼존불 등 곳곳에서 볼 수 있다.

나무로 만든 목조불상은 시대나 장소에 관계없이 많이 제작되었지만 전쟁이 많았던 우리나라에서는 재료의 취약성 때문에 현재 남아 있는 것이 극히 드물다. 이외에도 순금으로 만든 금불이나 동이나 청동에 금을 입힌 금동불, 철로 만든 철불, 점토로 만든 소조불, 나무로 간단한 골격을 만들고 종이나 천 같은 것으로 불상을 만들고서 옻칠을 하고 다시 금물을 입힌 건칠불乾漆佛 등이 있다.

불상을 대하는 마음 자세

어떤 마음 자세로 불상을 대해야 하는가? 불상은 깨달은 분의 가장 성스럽고 자비로운 특징을 형상으로 보여준다. 그

아미타여래좌상 소조불

마애불

관음보살좌상 목조불

것은 지상에서 가장 아름다운 모습이다. 앞서 최고 진리는 형상과 언어로 드러낼 수 없다고 했다. 진리는 형상과 언어를 초월해 침묵하기 때문이다. 그리고 우주와 같은 광대한 진리를 특정한 형상으로 드러내면, 그것은 진리를 조그만 틀로 한계를 짓는 것과 같기 때문이다.

그러나 진리는 소리로, 형상으로 얼굴을 드러내는 측면도 있다. 불상은 모습을 뛰어넘어 무상無相의 진리를 특정한 형상인 유상有相으로 표현한 것이다. 자비롭고 아름다운 불상을 통해 그러한 형상이 포함한 무상의 진리를 읽고 마음속 깊이 느껴야 한다. 그래서 내 마음의 불성, 내 마음의 생명을 불러내야 한다. 그 결과 부처님 마음과 모습과 목소리가 나와 하나가 된다.

우리는 불상을 통하여 그러한 부처님 마음과 모습을 접할 때 귀의하지 않을 수 없으며 예배드리지 않을 수 없다. 마음이 저절로 그렇게 움직인다. 그것은 결코 우상숭배가 아니다.

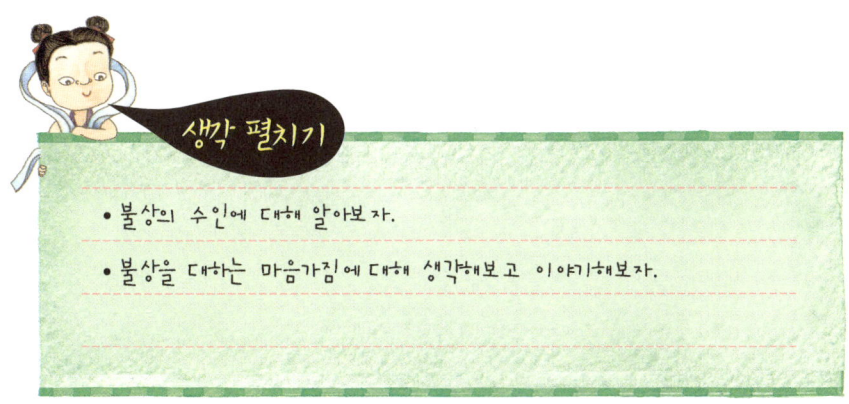

생각 펼치기

- 불상의 수인에 대해 알아보자.
- 불상을 대하는 마음가짐에 대해 생각해보고 이야기해보자.

불교미술의 아름다움

수인手印

수인이란 부처님이나 보살님의 손 모양을 말한다. 인도의 무용수들을 보면 손가락을 여러 모양으로 다양하게 표현한다. 수인도 이와 마찬가지 역할을 한다. 수手란 손이며 인印이란 확고한 표시 내지는 증거, 불변하는 진리를 의미한다. 이러한 수인으로 여러 부처님의 특별한 역할을 보여주므로 수인으로 불상을 구분하는 것이다. 대표적인 수인으로는 선정인禪定印, 항마촉지인降魔觸地印, 지권인智拳印, 아미타여래구품인阿彌陀如來九品印 등이 있다.

선정인은 선정에 들었음을 알리는 수인으로, 결가부좌 또는 반가부좌를 한 상태에서 손을 무릎 위에 놓고, 손바닥을 위로 향하게 한다. 이때 오른손은 왼손 위에 올라가거나 그 반대 모양도 있는데, 이 수인은 보통 참선 자세이다.

항마촉지인은 오른손은 무릎 위에 그대로 놓고 왼손으로는 땅을 가리키는데, 마왕 마라를 굴복시킨 승리의 순간을 나타낸 것이라고 한다. 부처님이 이 수인을 맺을 때는 언제나 앉아 있는 모습이다.

지권인은 비로자나부처님께서 결하시는 수인으로, 일체의 번뇌를 없애고 부처의 지혜를 얻는다는 뜻이다. 보통 왼쪽 검지를 오른쪽 엄지와 아래위로 마주하면서

지혜 BOX

오른쪽 전체로 두 손가락을 감싼다. 부처님과 중생, 깨달음과 미혹함이 본래 하나라는 것을 상징한다.

지권인

아미타여래구품인은 극락에 태어날 수 있는 중생의 근기를 3품에 각각 3생이 있어 아홉 가지로 나눈 것이다. 즉, 상품상생上品上生에서 하품하생下品下生까지로 나눴다. 상품상생은 최고의 근기로 아미타여래께서 극락으로 인도하는 이고, 이후로 근기가 차례로 낮아지면서 하품하생은 수행은 안 하고 놀다가 마지막에 아미타여래를 생각해 극락으로 가는 이들이다.

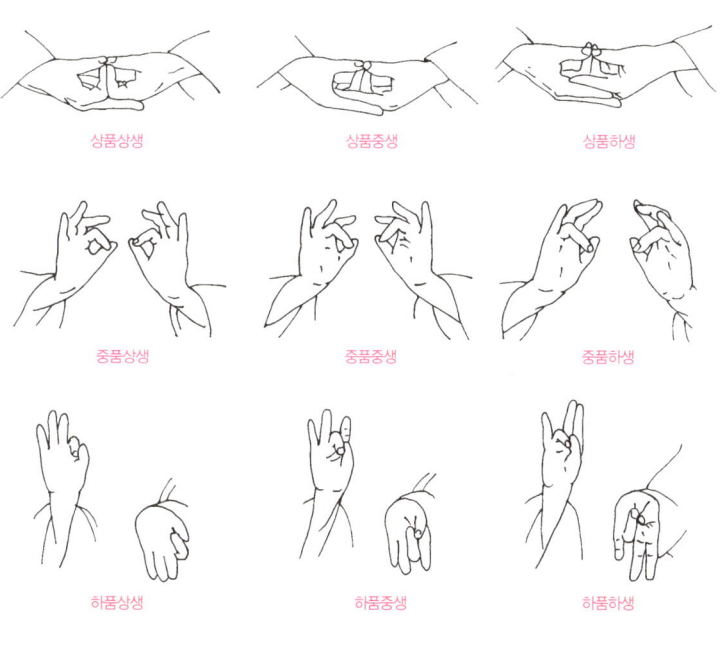

아미타여래 구품인

불교 회화

경전을 아무리 많이 외어 알아도 행하여 지키지 않고 방탕한 사람은
남의 소를 세는 목자와 같아 진정한 부처님의 제자가 아니다.

「법구경」

불화

불화는 불교의 이념과 교리에 근거해 중생 교화를 목적으로 그려진 모든 그림을 말한다. 불화 역시 불상과 마찬가지로 예배의 대상으로 만들어진 것이다. 그래서 보는 이로 하여금 성스러운 종교적 감흥과 기쁨에 젖게 한다.

불화의 종류는 쓰이는 용도와 배치하는 장소 그리고 주제 및 재료 등에 따라 다양하게 분류한다. 불화는 용도에 따라 예배용 불화, 장엄용 불화, 교화용 불화로 나뉜다. 탱화, 괘불, 영정 등이 예배용 불화이고, 벽화나 사찰, 전각 건축물의 단청 등은 장엄용 불화로 구분한다.

이밖에 석가모니부처님의 생애에서 극적인 장면을 여덟 장면으로

벽화

압축해 그린 팔상도八相圖 및 부처님 전생의 삶을 그린 본생도本生圖 외에 극락왕생도, 감로도, 지옥도 등은 교화용 불화이다.

탱화幀畵란 글자 그대로 벽에 거는 그림을 뜻하며 벽에 직접 그린 그림은 벽화로 구분한다. 또한 불교의 교리를 알기 쉽게 이해시키려고 경전의 표지나 중요한 대목에 그 내용을 판화 등으로 찍어낸 불화를 경화經畵라고 한다.

삼장탱화

불화의 재료

불화의 바탕 재료는 천, 종이, 흙, 나무, 돌, 금속 등 다양하다. 이 중에 가장 많이 사용하는 바탕 재료는 비단, 삼베, 모시 등의 천을 들 수 있다. 전각에 불상이나 보살상 뒤에 거는 후불화後佛畵와 야외에서 사용하는 괘불화掛佛畵의 재료는 대부분 천을 사용한다. 천 이외에 나무에 조각하고 그 위에 개금이나 채색을 하여 후불화로 봉안하는 것을 목각탱화라고 한다. 사찰의 벽화는 구조상 흙이나 나무, 돌 등에 그린다.

불화의 주제

불화는 주제에 따라 크게 석가모니불화, 비로자나불화, 아미타불화, 약사여래도, 미륵불화, 관음보살도, 지장보살도, 시왕도, 나한도, 칠성도, 산신도, 경전 변상도 등으로 구분할 수 있다. 이들의 내용과 구성을 간략히 살펴보면 다음과 같다.

첫째, 석가모니불화는 석가후불화와 영산회상도, 팔상도가 있다. 이 중 석가후불화는 다시 삼세불화와 독존불화로 구분한다. 삼세불화란 과거불인 아미타부처님, 현재불인 석가모니부처님, 미래불인 미륵부처님을 나란히 한 폭에 그린 것이고, 독존불화는 중앙 수미단 위에 결가부좌한 석가모니부처님이 앉아 있고, 좌우에 문수보살과 보현보살을 배치한다. 영산회상도는 석가모니부처님이 영취산에서 『법화경』을 설법하는 장면을 묘사한 것으로 그 내용이 매우 사실적이다.

둘째, 석가모니불화가 『법화경』의 가르침에 따랐다면, 비로자나불화는 『화엄경』의 사상에 바탕을 두었다. 화면의 중앙에는 비로자나부처님이 그려지고, 좌우로 문수보살과 보현보살을 배치한다.

셋째, 아미타불화는 아미타후불화, 관경변상도, 아미타내영도로 구분한다. 아미타후불화는 중앙에 아미타부처님 한 분만을 묘사하는 아미타독존도와 좌우에 관세음보살과 대세지보살이 묘사되는 아미타삼존도가 있

영산회상도

일본 사이후쿠지 관경16관변상도(고려)

아미타내영도

다. 관경변상도는 『관무량수경』에서 설하는 극락왕생을 위한 16관법의 내용을 담고 있으며, 일본의 고려불화 〈관경변상도〉가 유명하다. 아미타내영도는 아미타부처님의 이름을 외며 정토에 다시 태어나길 비는 사람이 죽으면 아미타부처님이 마중을 나와서 극락으로 인도한다는 내용을 그림으로 표현한 것이다.

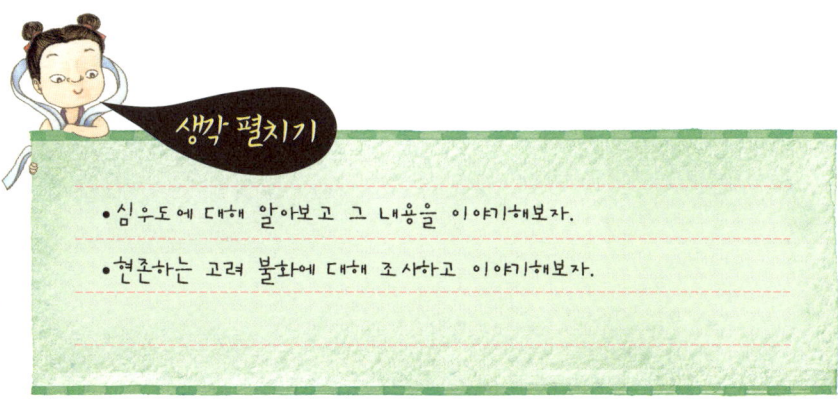

생각 펼치기

- 심우도에 대해 알아보고 그 내용을 이야기해보자.
- 현존하는 고려 불화에 대해 조사하고 이야기해보자.

불교미술의 아름다움

심우도 尋牛圖

절에 가면 법당 벽화로 심우도를 볼 수 있다. 심우란 소를 찾는다는 의미다. 불교에서 소는 인간의 마음을 의미한다. 수행을 통해 자신이 지닌 부처님의 마음을 깨달아가는 과정을 비유한 심우도는 동자와 소를 등장시켜 수행 단계를 열 단계로 나누어 표현하기 때문에 십우도十牛圖라고도 하고, 소를 길들이기에 목우도牧牛圖라고도 한다.

심우도의 열 단계 중 1단계와 10단계를 소개하면 아래와 같다.

1단계 심우

尋牛 소를 찾는다

소를 찾아 산속을 헤매는 모습으로 처음 발심하여 수행을 시작한다.

심우

10단계 입전수수

入纏垂手 저잣거리에 들어가 손을 드리우다

큰 포대를 메고 중생 제도를 위해 마을로 가는 모습으로 불교의 궁극적인 뜻이 중생 제도에 있음을 상징한다.

입전수수

변상도變相圖

변상도란 부처님의 가르침을 설한 경전의 내용이나 부처님의 일대기, 깨달음의 과정 등을 그림으로 그려, 묘사한 것을 말한다. 말하자면 그림을 통해서 알기 쉽게 부처님의 가르침을 보여주고자 만든 것이 변상도이다.

대방광불화엄경 진본 변상

대방광불화엄경 진본 변상 탁본

지혜 BOX

수월관음도

수월관음도는 고려시대에 크게 성행했다. 외적의 침략이 빈번했던 고려 후기에는 관음신앙이 더욱 두드러졌다. 그래서 고려시대의 관음신앙은 중생의 현세 구복과 동시에 나라를 외부의 침략에서 보위하려는 신앙에 뿌리를 두었다.

고려시대의 〈수월관음도〉는 『화엄경』의 내용을 그림으로 표현한 것으로, 수월관음도의 배경은 인도 남해의 보타락가산이다. 그곳은 많은 성스러운 무리가 살고, 항상 광명이 넘치며 꽃이 끊임없이 피어 향기가 끊이지 않는다. 맑고 깨끗한 연못가의 금강보석 위에는 관음보살이 앉아 중생을 위해 설법하고 계시는데 선재동자의 방문을 받았다. 이 같은 전경을 묘사한 것이 바로 수월관음도이다.

선재동자는 어린 동자의 모습으로 양쪽으로 틀어 올린 쌍계머리에 귀공자 같은 의복의 하늘거리는 천의를 상의에 걸치고 연화좌 위에 서서 관음보살을 찾아 공경히 합장하며 법을 묻고 있다.

고려 수월관음보살도

불교 공예

개인의 삶의 질은 자기가 선택한 분야에서 탁월해지려는 노력에 비례한다.
즉 장인 정신이 절대적으로 필요하다.
빈스 롬바르디

불교 공예

불교 공예는 절에서 불교의식을 행하거나 스님들이 수행할 때 필요한 불구佛具 및 법당을 장엄하는 일체의 공예품을 말한다. 이러한 불교 공예는 의식법구, 장엄구, 공양구, 생활용구 등으로 구분할 수 있다.

의식법구는 법고, 운판, 목어, 범종의 불전사물佛殿四物을 비롯하여 금강령, 금강저, 금고, 법라, 죽비, 경책 등을 말한다.

법고는 법을 전하는 북으로, 땅 위에 사는 중생을 위해 울리는 진리의 북소리다. 그리고 수행자를 향하여 진리의 길로 힘을 내어 정진하라고 '둥둥둥' 울려댄다.

운판은 구름모양의 쇠판으로 공중에 날아다니는 중생과 허공에 떠다니는 영혼을 제도하기 위해서 '깡깡깡' 울려댄다.

목어는 나무를 물고기 모양으로 깎아 물고기의 배 부분을 파낸 것으로 물속에 사는 중생을 제도하기 위해서다. 항상 눈을 뜨고 있는 물고기처럼,

불교미술의 아름다움

수행자는 늘 깨어 있는 마음가짐으로 정진하라는 의미다. 풍경이나 풍탁 그리고 목탁 등이 그와 같은 의미를 품고 있다.

범종은 쇠로 만든 종으로 천상과 지옥 중생을 제도하기 위해 새벽에는 28번, 저녁에는 33번을 친다. '데~엥' 하면서 울리는 범종 소리를 들어보았는가? 그 소리를 들으면 몸과 마음이 전율하듯 깊이 파고든다. 그 종소리를 따라 마음속에 평화의 꽃이 피고 번뇌의 한숨이 봄눈 녹듯 사라진다. 일명 에밀레종이라 불리는 성덕대왕신종은 듣는 이의 심금을 울리는 신

법고

운판

범종

목어

비한 종소리다.

장엄구는 절에서 불전을 장엄하게 꾸미는 것으로 닫집, 불단, 당번, 화만, 사리구 등이 있다. 닫집은 집 속의 집이란 의미로 부처님을 보호하고 장식하기 위해 불상의 머리 위에 설치하는 것으로 천개天蓋 또는 보개寶蓋라고도 한다. 또한 닫집은 부처님이 계신 수미단의 상부를 장엄한다. 닫집은 화려한 보궁의 형태로 장식하며, 부처님의 극락세계를 상징하므로 내원궁內院宮, 적멸보궁寂滅寶宮 등의 현판이 붙는다. 매우 복잡한 수법으로 구성된 닫집의 내부에는 용과 구름 등을 아주 화려하게 조각하여 장식하고 단청으로 꾸민다.

닫집

불단이란 부처님을 모시는 단을 말한다. 이 불단 위에는 불상을 모시거나 때로는 불사리가 안치되고 예불과 의식에 필요한 법구인 향로, 촛대, 화병 등을 놓는다. 일반적으로 불단을 수미단須彌壇이라고 한다. 수미단은 수미산에서 온 말이다. 수미산은 히

불단

불단과 닫집

불교미술의 아름다움

말라야산을 일컫기도 하는데 지상에서 가장 높은 산이다. 그 수미산 정상에 부처님 세계가 펼쳐진다. 그래서 부처님이 이 수미단 위에 앉아 계신 것으로 묘사한다. 우리나라의 불단은 거의 수미단의 형식을 취한다.

공양구는 부처님이나 보살님에게 바치는 공물을 담는 그릇을 말하며, 향로, 화병, 촛대, 발우, 정병, 다기 등이 있다.

생활용구로는 스님들이 필수적으로 지니는 지팡이인 석장과 여의 그리고 염주 등이 있다.

생각 펼치기

- 사물의 소리를 귀담아듣고 각자 느낀 바를 이야기해보자.
- 내가 다니는 사찰이나 주변의 전통 사찰을 찾아 부처님께 삼배를 올리고 부처님이 앉아계신 수미단과 닫집을 살펴보고 이야기해보자.

자혜 BOX

범종 梵鐘

동종

범종은 사찰 사물 중에서도 형태의 아름다움이나 신앙적인 면에서 가장 뛰어나며, 사찰에서 반드시 필요한 필수품이다. 옛날 큰 사찰에서는 대중이 많이 모여 살았기 때문에 범종 소리로 하루의 일과를 알려주어야 했다.

또한 종은 종소리가 울려 퍼지듯 맑고 깨끗한 소리를 통해 부처님의 가르침[法音]을 미물에 이르기까지 널리 펼친다는 뜻을 지닌 신성한 법구이다. 종소리를 듣는 자는 그 소리의 아름다움과 신묘함 때문에 번뇌를 끊고 지혜를 넓혀 깨달음을 얻는다는 의미가 있다. 그리고 종소리를 듣는 중생의 마음을 경각 시켜 모든 감각기관으로 공덕을 쌓으며, 그 공덕으로 지옥에 떨어져 고통 속에서 헤매는 중생까지도 함께 구제할 수 있었다고 믿었다.

범종의 모양은 크게 중국 및 일본 종과 우리나라 종으로 나눌 수 있는데, 우리나라 종이 형태적인 면이나 소리에 있어 중국이나 일본보다 훨씬 뛰어나다.

우리나라 범종의 전형을 이루는 신라의 종 형태를 보면, 중국이나 일본과 달리 종 꼭대기에 한 마리의 용으로 된 종 고리, 소리를 도와주는 음통이 있으며, 몸통은 물 항아리를 거꾸로 세운 듯 배 부분에 비해 입 부분이 좁게 되어 있어 소리를 천천히 토하는 효과가 있다. 종 윗부분과 아래 종구(鐘口)에 잇댄 테두리에는 보상화나 연꽃이나 당초무늬를 새기거나, 또는 악기를 연주하는 주악비천상 등이 새겨져 있다. 종의 어깨 네 곳에는 네모꼴의 유곽(遊廓)을 마련해 그 안에 각 9개씩의 젖꼭지 모양[乳頭]을 달았다.

지혜 BOX

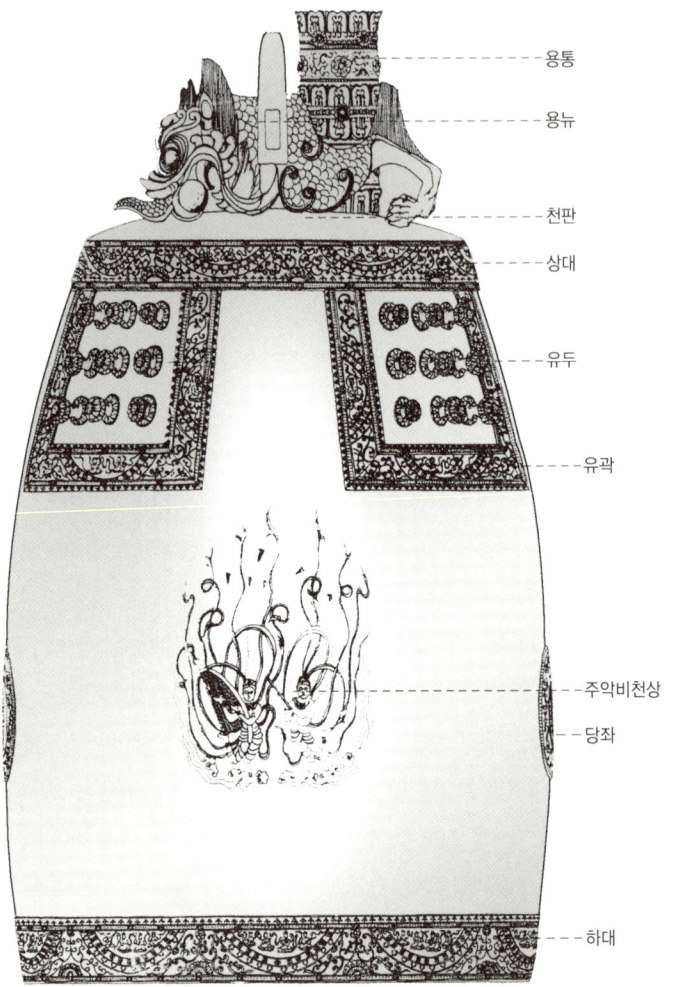

범종의 세부 명칭

염주 알의 의미

염주 알의 수는 108알이 기본이지만 54알, 27알, 14알이 있다. 각각의 숫자는 108을 반 또는 4분의 1 등으로 나눈 숫자이지만 이 숫자에도 의미가 있다.

108주는 108번뇌를 하나씩 소멸시키고 108삼매를 증득한다는 뜻이 담겨 있으며, 54주는 보살의 수행을 상징하며, 27주는 상좌부불교에서 수행이 높은 27명의 수행자를 상징한다. 14주는 '관세음보살의 14가지 두려움 없음'을 상징한다. 이 밖에도 보살 수행의 42지위를 상징하는 42주, 보살 수행의 마지막 단계인 십지와 보살이 실천해야 할 열 가지 덕목인 십바라밀에 깨달음을 뜻하는 불과佛果를 합쳐 21위를 뜻하는 21주 등이 있다. 또한 1000주, 1080주, 3000주 등도 염불이나 절의 횟수를 헤아리려고 사용한다.

염주를 사용할 때는 오른손에 들고 엄지손가락으로 한 알씩 돌려가며 수를 헤아리는데 염주 알 가운데 유독 큰 알을 특별히 모주母珠라 하여 수를 헤아리는 기준으로 삼는다.

염주

#08
믿음과 수행으로
마음의 평화를

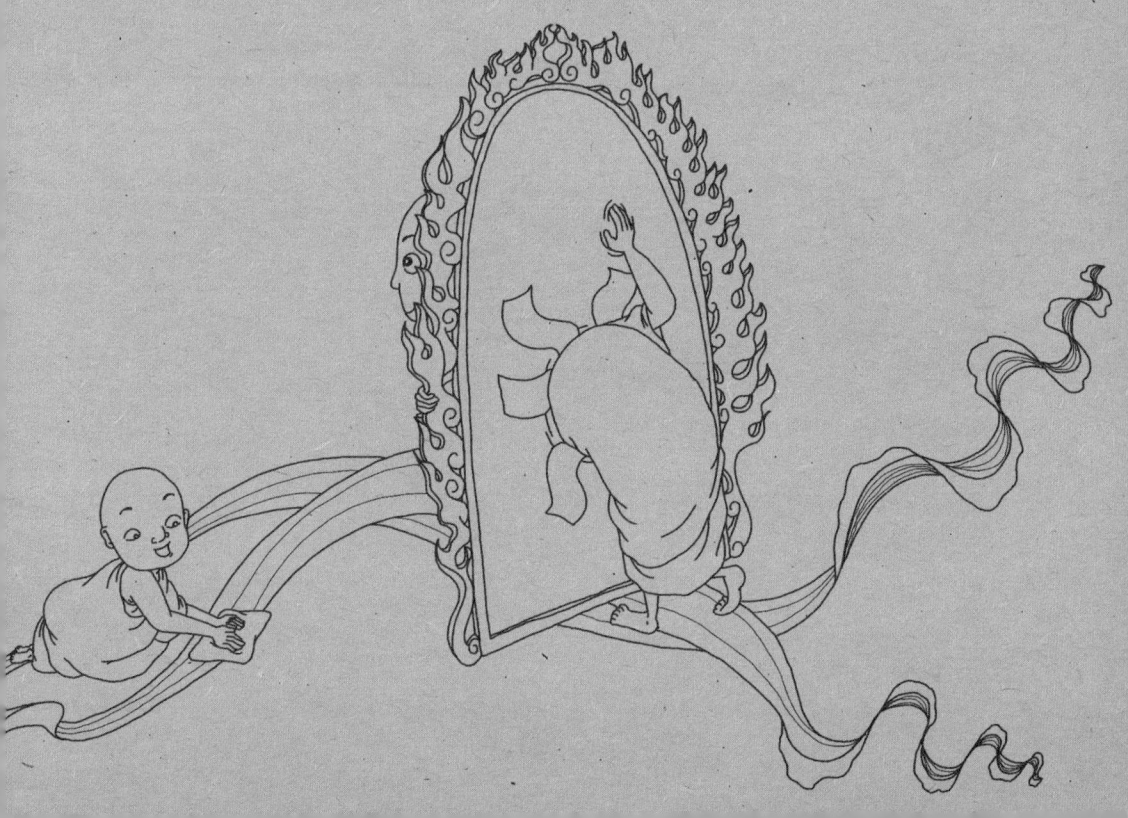

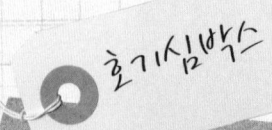

- 불자의 마음가짐과 행동을 알고 익혀서 언제나 향기롭고 평화로운 불자가 되자.
- 사찰의 하루와 법회에 담긴 의미를 알고 자주 사찰을 찾고 법회에 참석하여 부처님의 가르침을 익혀보자.
- 수행의 의미를 알고, 수행법을 익혀 일상생활에서 꾸준히 실천해보자.

불자가 되는 길

> 복덕을 윤택하게 하고, 착한 법을 윤택하게 하는 안락한 음식에 네 가지 있다. 어떤 것이 넷인가. 이른바 부처님에 대한 무너지지 않는 깨끗한 믿음의 성취는 복덕을 윤택하게 하고, 착한 법을 윤택하게 하는 안락한 음식이다. 법과 승가에 대한 무너지지 않는 깨끗한 믿음과 거룩한 계율의 성취는 복덕을 윤택하게 하고, 착한 법을 윤택하게 하는 안락한 음식이다.
>
> 『잡아함경』

불자와 삼보

불자는 용기있는 사람이다. 인생의 주인공은 바로 나 자신이며, 평화롭고 행복한 삶을 살아갈 주체도 나 자신임을 알고 당당히 살고자 결심했기 때문이다. 또한 불자는 지혜로운 사람이다. 반드시 부처님께서 밝히신 진리를 깨달아 부처님과 같은 위대한 인격을 갖추겠다고 결심했기 때문이다. 하지만 가끔은 용기가 사그라지기도 하고, 마음이 한결같지 못할 때가 있다. 그래서 불자는 든든하고 친절하게 이끌어줄 수 있는 도움의 손길이 필요하다.

그 도움의 손길은 부처님[佛]과 부처님의 가르침[法]과 부처님의 가르침을 따르며 사는 청정한 스님[僧], 즉 삼보三寶이다. 삼보란 불자가 의지해야 할 세 가지 보물이라는 뜻이다. 삼보님이 있다면 나를 찾는 행로에 무서울 것이 무엇이 있겠는가! 든든한 의지처가 있는데 말이다.

예를 들어보자. 높은 산을 오르려면 많은 준비물이 필요하다. 산을 오를

수 있다는 자신감만으로 높은 산을 단숨에 오를 수 있겠는가! 산 정상에 오르려면 정상으로 가는 길을 알아야 하고, 목이 마를 때를 대비해 물을 챙겨야 한다. 또한 비가 올 때를 대비해 우비를 준비하고, 미끄러지는 것을 방지하려면 등산화도 신어야 한다. 또한 그뿐이랴. 배고픔을 이기려면 식량도 챙겨야 한다.

불자의 여정도 이와 마찬가지다. 우리는 목표를 정했고, 부처님께서 말씀하신 진리의 길, 행복의 길로 나아가기로 결정했다. 그 길을 제대로 잘 가려면 철저히 준비해야 한다. 이때 불자에게 꼼꼼하게 길을 가르쳐 주고, 힘들 때 힘이 되고, 비가 올 때 우산이 되고, 너무 힘들어 내려가고 싶을 때 함께하여 다시금 힘을 낼 수 있게 옆에서 지켜주는 것이 바로 삼보다. 부처님의 길을 가는 불자에게 삼보님만 있다면 무엇이 두렵겠는가!

불자는 불법승 삼보에 대한 무너지지 않는 믿음으로 살아간다. 그것은 무조건적인 믿음이 아니라 믿고 이해하며 실천하면서 살아가는 것이다. 먼저 깨달음을 실제로 보여준 인격으로서 대자대비한 부처님을 믿어야 하며, 스스로 부처님처럼 될 수 있다는 것을 믿어야 한다. 그다음 부처님과 같은 위대한 인격을 이루기 위한 모든 방법이 부처님의 가르침 안에 있음을 믿는다. 마지막으로 그러한 가르침대로 화합하면서 살아가는 스님을 믿어야 한다. 이러한 믿음을 통해 좌절하지 않고 행복하고 평화로운 길을 열어갈 수 있다.

그래서 불자는 삼보에 몸과 마음을 다하여 의지하는 〈삼귀의三歸依〉를 제일 먼저 외우고, 그 뜻을 되뇌는 것이다.

거룩한 부처님께 귀의합니다. 歸依佛兩足尊 귀의불양족존

거룩한 가르침에 귀의합니다. 歸依法離欲尊 귀의법이욕존

거룩한 스님들께 귀의합니다. 歸依僧衆中尊 귀의승중중존

선한 말과 행동의 기준

불자는 자신이 지은 행동의 과보는 반드시 자신이 받는다는 것을 잘 안다. 그래서 항상 선한 생각, 선한 말, 선한 행동을 하려고 노력한다. 이러한 삶의 기준이 되는 것이 오계五戒이다. 오계는 악을 버리고 선을 닦아서 최소한 다른 이에게 물리적으로나 육체적으로 피해나 상처를 주지 않고, 자기 자신을 단속할 수 있도록 도와준다. 오계는 마치 멀리 길을 떠난 여행자의 든든한 양식과 같고, 병든 이를 건강하게 해주는 약과 같다. 부처님께서 불교를 믿고 따르는 수행자들을 위해 마련해주신 계戒는 누군가의 강요로 지켜야 하는 것이 아니라 스스로 실천하는 자율적이며 도덕적인 의미를 담고 있다. 이러한 계를 지키며 사는 삶은 청정하고 향기로울 수밖에 없다.

1. 살아 있는 생명을 해치지 말고 자비심으로 보호하라. 不殺生 불살생

2. 주지 않는 것은 갖지 말고 아낌없이 베풀라. 不偸盜 불투도

3. 거짓을 말하지 말고 진실을 말하라. 不妄語 불망어

4. 예의와 순결을 지키고 청정한 삶을 살아라. 不邪淫 불사음

5. 술과 같은 중독성 물질을 가까이하지 말고 맑은 지혜를 기르라. 不飮酒 불음주

첫째, 살아 있는 생명을 해치지 말고 자비심으로 보호하라는 불살생의 계는 생명을 하찮게 생각하는 포악하고 잔인한 마음을 멀리하고 자비심을 길러 인간을 비롯한 모든 생명을 보호하는 방법을 배워 생명을 죽이지 않겠다는 다짐이다. 이러한 습관은 마음속 평화와 자비의 씨앗이 되어 우리 주변을 평화롭게 만드는 힘이 된다.

둘째, 주지 않는 것은 갖지 말고 아낌없이 베풀라는 불투도의 계는 훔치는 것뿐만 아니라 남에게 속한 것을 정당한 합의 없이 빼앗거나 소유하지 않고, 다른 사람의 재산을 존중하겠다는 다짐으로써 진정으로 베풀 줄 아는 마음을 길러 인간을 비롯한 모든 생명의 행복을 위한 참된 보시를 행하라는 것이다.

셋째, 거짓을 말하지 말고 진실을 말하라는 불망어의 계는 거짓말뿐 아니라 신중한 언어생활을 해야 함을 말한다. 다른 이에게 고통을 주는 말보다는 즐거움과 행복을 주는 사랑스럽고 정성어린 말을 하겠다는 다짐이다.

넷째, 예의와 순결을 지키고 청정한 삶을 살아라는 불사음의 계는 건전하고 책임감 있는 이성 관계를 만들겠다는 다짐이다. 몸과 마음을 깨끗하게 가꿀 수 있는 사람은 자연히 그 삶도 깨끗하고 청정할 수 있다.

다섯째, 술과 같은 중독성 물질을 가까이하지 말고 맑은 지혜를 기르라는 불음주의 계는 술과 더불어 취하게 하는 것의 섭취를 하지 않고, 건강한 육체와 건강한 정신을 만들 것을 다짐하는 것이다. 취하는 것을 섭취하여 정신이 혼미해지면 네 가지의 다른 계를 깨뜨릴 가능성이 커진다. 따라서 항상 깨어 있는 정신으로 자신을 다스리라는 것이다.

불자로 산다는 것은 스스로의 삶을 멋지게 디자인하는 것이다. 삼보를 믿고 따르며 씩씩하게 진리의 길로 나아가고, 오계를 지킴으로써 나와 내 주변을 청정하고 향기롭게 꾸며보자.

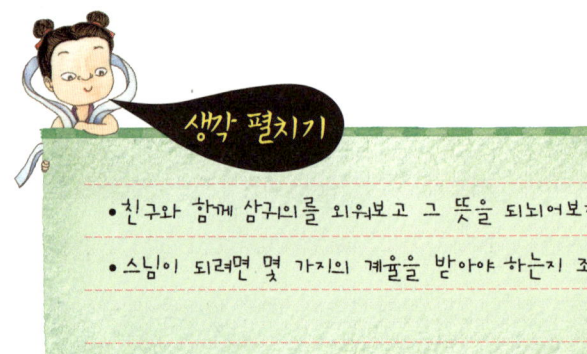

- 친구와 함께 삼귀의를 외워보고 그 뜻을 되뇌어보자.
- 스님이 되려면 몇 가지의 계율을 받아야 하는지 조사해보자.

지혜 BOX

계를 받다

수계의 의미 계를 받는다는 것은 불자로서 더욱 열심히 진리의 길로 나아가겠다는 의지의 표현이다. 수계를 받을 때 출가 수행자가 아닌 재가불자는 삼귀의계와 오계를 받는다. 삼귀의는 우리를 지켜줄 삼보에 대한 마음 깊은 귀의이며, 오계는 우리가 올바르게 살아갈 수 있도록 이끌어주는 나침반이며 지도이다.

연비 수계를 할 때 향불을 팔에 찍는 것을 연비라고 한다. 연비를 하는 것은 과거에 지은 모든 잘못된 행위가 깨끗이 타 없어지고 깨끗한 몸과 마음으로 바꾸는 데 있다. 수계를 받기 전 자신이 지은 모든 잘못을 뉘우치고 앞으로 청정하고 올바른 불자의 길을 걷겠다는 굳은 결심의 표현이라 할 수 있다.

법명 수계를 받으면 부처님 제자로서의 이름이 생긴다. 법명을 받는다는 것은 부처님의 제자가 되어 부처님의 가르침에 의지해 살겠다는 의미를 지닌다. 태어나면서 부모님께 받은 것이 이름이라면 법명은 부처님의 제자가 된 뒤에 받는 정신적인 이름이라 하겠다. 이름에도 좋은 의미가 있듯이, 법명에도 불교의 좋은 뜻이 담겨 있다.

불자 예절

> 만약 어떤 사람이 혹 인사의 절을 하거나, 혹은 다만 다시 합장을 하거나, 혹은 다시 머리를 조금 숙여 이것으로 형상에 공양하여도 점점 헤아릴 수 없는 부처님을 뵈올 것이며 스스로 위 없는 도를 이루어 수없는 중생을 제도하고 남음이 없는 열반에 들되 땔나무가 다하여 불이 꺼지는 것과 같으니라.

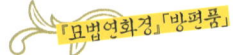
『묘법연화경』「방편품」

불자 예절

예절은 시대와 관습, 문화, 대상에 따라 다르지만 인간관계를 더욱 값지게 한다. 그래서 동서고금을 막론하고 예절을 중요시한다. 불자에게도 부처님의 가르침에 좀 더 다가가기 위한 불자 예절이 있다. 불자 예절은 말 그대로 불자가 지켜야 할 예절이지만 이것은 단지 불자들 사이에서 지켜야 할 예절만을 담고 있는 것은 아니다.

불자 예절은 그 범위가 넓다. 시방법계 즉 지옥, 아귀, 아수라, 축생, 인간, 천상, 성문, 연각, 보살, 부처님의 세계를 아우르는 세밀한 몸짓이며, 모든 중생은 부처가 될 수 있다고 하신 부처님의 가르침에 근거해 산, 강, 바다, 나무, 풀 한 포기, 돌멩이 하나, 입는 옷, 음식까지도 부처님을 대하듯 예를 갖추는 것이 바로 불자 예절이다.

그런데 혹자는 모든 것을 존중하겠다는 마음이 중요하지, 그것을 굳이 형식적인 몸가짐으로 나타내는 것이 그리 중요하냐 묻는다. 그러나 몸가짐은 불자의 마음가짐에 많은 영향을 끼친다. 몸가짐은 마음가짐을 담고 있다. 몸가짐을 어떻게 하느냐에 따라 마음이 이리저리 움직이는 것을 누구나 경험했을 것이다. 따라서 불자로서 진리의 세계로 나아가길 결심했다면, 모든 생명과 삼라만상에 대한 경외심과 존경심을 담은 불자 예절을 몸으로 배우고 실천해야 한다.

불자는 경내에서 차수叉手를 하며, 길에서 스님이나 도반을 만나면 합장合掌하고 반배半拜를 한다. 법당의 부처님 전에는 오체투지 큰절로 삼배를 드리며, 스님이 방에 앉아계시면 큰절로 예를 표한다.

차수叉手

차수는 손을 마주 잡는다는 뜻으로 사찰에서 합장하지 않고 서 있거나 걸을 때 취하는 손의 자세이다.

- 왼손을 오른손으로 가볍게 잡는다.
- 서 있을 때에는 차수한 손을 배꼽 아랫부분에 단정히 올린다.
- 앉아 있을 때에는 무릎 위에 올려놓는다.

차수

❖ **스님을 대할 때의 예절** 스님은 우리가 언제나 가르침을 받을 수 있는 친근한 분이다. 따라서 언제 어디서나 스님을 뵈면 공경하는 마음으로 정성으로 모셔야 한다. 밖에서 스님을 만나면 그 자리에 서서 합장 인사를 하고, 실내에서는 큰절로 삼배의 예를 올린다. 그러나 스님이 참선하실 때, 기도하실 때, 공양하실 때, 설법하실 때에는 절을 하지 않는다.

믿음과 수행으로 마음의 평화를

합장 合掌

합장은 불교의 대표적인 인사법으로 세계 곳곳에서 불자들은 감사, 존경, 기원을 담아 합장하고 정성스럽게 인사한다. 합장에 담긴 의미는 다양하다. 합장을 하고 허리를 숙여 인사하는 모습에서 상대방에게 자신의 진실한 모습을 보이고 존경을 표현하는 의미를 찾아볼 수 있으며, 두 손을 모아 마주하면 마음도 하나로 모이고, 나아가 나와 남이 둘이 아니라 하나의 진리로 합쳐진 한 생명이라는 뜻도 깨달을 수 있다.

합장은 법회 등 불교의식을 행하거나 부처님께 예를 올리는 자세이며, 서 있거나 앉아 있을 때 취할 수 있다.

- 두 손바닥을 마주 모은다.
- 가슴 중앙에 오도록 하고 팔꿈치는 옆구리에 자연스럽게 붙인다.

합장

또한 합장에는 장궤합장이 있는데, 수계식 때 주로 한다.

- 무릎을 바닥에 대고 다리를 세운 채 합장을 한다.

장궤합장

반배半拜

반배는 다른 말로 합장저두合掌低頭라고도 한다. 삼보에 예경을 올릴 때는 큰절을 하는 것이 원칙이나, 다음의 경우에 반배를 한다.

⋯▸ 반배는 합장한 자세에서 머리와 허리를 적당히 숙인다.

- 길에서 스님을 만났을 때 반배를 한다.
- 길에서 법우를 만났을 때 상대방에게 '부처님이 되십시오'라는 격려의 뜻에서 반배를 한다.
- 절 입구에서 법당을 향해 예를 올릴 때, 법당에 들어가거나 나오기 전에 반배를 한다.
- 불탑에 예를 올리거나 야외에서 법회를 할 때 반배를 한다.
- 동참 대중이 많아서 큰절을 올리기 적합하지 않을 때 반배를 한다.
- 삼배나 108배, 1080배, 3000배 등의 오체투지를 하기 전, 또는 마친 뒤에 반배를 한다.
- 부처님께 헌화하거나, 향 또는 초 등의 공양물을 올리기 직전과 올리고 나서 반배를 한다.
- 기타 필요할 때 반배를 한다.

반배

오체투지 五體投地

삼보에 대한 예경과 상대방에 대한 존경의 마음을 담은 대표적인 인사법이자 몸과 마음을 건강하게 하고 평화롭게 하는 수행 방법 중 하나가 오체투지이다. 오체투지는 우리나라 전통 예법인 큰절의 모습을 유지하되 신체의 다섯 부분인 이마, 양 팔꿈치, 양 무릎이 땅에 닿는다. 오체투지는 자신을 무한히 낮추어 아만과 교만을 없애고, 삼보께 귀의하는 순수한 마음이 생기게 하는 가장 경건한 예법이다.

예로부터 절을 많이 하면 건강해지고, 집중력이 좋아지며, 지난 시절의 업장을 소멸하여 마음에 맺힌 것을 풀어내는 훌륭한 수행법으로 전해졌다. 특히 구체적인 신체적 행위를 통해 아만을 녹이며 자신을 비우는 데 남다른 특징이 있다.

최근 과학적, 의학적으로 절의 효과를 입증한 방송 프로그램이 인기를 얻기도 했고, 많은 사람이 아침, 저녁으로 절을 하며, 절을 생활화한다.

법당에 들어갔을 때나 스님께 인사를 올릴 때에는 삼배를 기본으로 한다. 그리고 수행의 방법으로 108배, 1080배, 3000배 등 본인이 원하는 대로 그 횟수를 정할 수 있다.

⋯ 서 있는 자세에서 합장 반배를 한다.
⋯ 고개를 자연스럽게 숙이며 무릎을 꿇고 앉는다.
⋯ 엉덩이를 발꿈치에 붙이면서 양손으로 바닥을 짚고
　오른발 엄지발가락에 왼발 엄지발가락을 올려서 앉는다.

오체투지

- 이마, 양 팔꿈치, 양 무릎을 바닥에 대고 엉덩이는 양 발뒤꿈치에 붙인 자세가 오체투지의 완성 자세이다.
- 손끝이 머리 바깥쪽으로 나가지 않도록 하고, 두 손을 가지런히 펴 손바닥이 하늘을 향하도록 하여 귀밑까지 올린다.
- 일어설 때에는 엎드릴 때와 정반대 순서로 한다.

고두례叩頭禮

고두례는 유원반배唯願半拜라고도 하는데, 무수히 예경하고 싶은 아쉬운 마음을 표하는 예법이다. 절을 아무리 많이 해도 부처님을 향한 지극한 예경의 마음을 다 표현할 수 없다. 따라서 절을 다 마치고 일어서기 전, 부처님의 한량없는 공덕을 생각하며 지극한 마음으로 한 번 더 머리를 조

아리는 것이 고두례다. 부처님의 지혜와 공덕을 생각하며 지극한 마음으로 한 번 더 예경하는 고두례를 하면서 마음속으로 지극히 발원한다.

고두례는 마지막 절을 마치고 나서 일어서기 직전, 오체투지를 한 상태에서 고개를 들고 두 손을 얼굴 앞에서 모아 합장하는 것이다. 고두례는 삼배를 하든 3000배를 하든 맨 마지막에 한다.

이때 손끝이 약간 들리도록 하고, 머리 바깥쪽으로 나가면 안 된다. 그런 후에 손바닥과 이마를 다시 바닥에 대었다가 일어선다.

고두례

사찰에서의 예절

사찰은 부처님을 모시는 신성하고 장엄한 곳이며 스님들이 공부하고 수행하는 곳이기도 하다. 또한 우리에게는 마음을 깨끗이 하고, 삶을 힘차게 살아갈 힘을 얻는 소중한 공간이기도 하다.

사찰의 시작을 알리는 일주문을 들어서면서부터는 부처님의 도량이므로 마음을 가다듬고 법당을 향해 반배를 올린다. 일주문을 지나 사천왕을 모신 천왕문에서도 반배의 예를 올린다. 법당에 이르는 길에 스님이나 법우를 만났을 때도 합장 반배로 반갑게 인사한다. 사찰에 왔을 때에는 법당에 제일 먼저 들러 참배를 한 후 다른 일을 보는 것이 기본이다.

사찰에서는 가운데 통로는 피하고 항상 다른 이를 공경하는 마음을 잊지 말아야 한다. 사찰은 부처님을 모신 소중한 공간이므로 지나치게 노출이 심하거나, 단정하지 못한 차림은 피하는 것이 좋다.

법당 예절

수행 공간이자 삼보에 대한 예경의 장소인 법당은 부처님과 보살님을 모신 청정하고 장엄한 곳이므로 그에 맞는 예절이 필요하다. 법당에서는 자신을 낮추고 정성스러운 마음가짐으로 행동해야 한다. 정성스럽게 부처님을 공경하는 마음과 다른 사람을 배려하는 마음으로 임한다면 쉽게 익힐 수 있는 예절이라 하겠다.

법당을 출입할 때의 예절

⋯▸ 부처님 정면 가운데 문인 어간문으로 출입하지 않고
　　양 옆의 문으로 출입한다.

⋯▸ 조심스럽게 문을 열고 닫으며
　　신발은 가지런히 정리하고 법당으로 들어간다.

⋯▸ 들어가서는 합장한 자세로 서서 반배한다.
　　그리고 부처님의 정면인 어간에는 앉지 않도록 한다.

법당 안에서의 예절

⋯▸ 경건한 마음으로 정숙한 행동을 하며
　　본인이 사용한 방석과 경전 등은 반드시 제자리에 정리 정돈한다.

⋯▸ 다른 불자가 기도하거나, 참선, 독경할 때는
　　가능한 그 앞으로 다니지 않도록 한다.

향 올릴 때의 예절

⋯ 합장을 한 채로 부처님 앞까지 가서 먼저 촛불을 켜고 향을 한 개 들어서 불을 붙인다.

⋯ 불이 붙은 향을 오른손으로 쥐고 왼손으로 오른손을 받쳐 이마까지 올렸다가 가슴 높이로 내린 뒤 공손하게 향을 향로 가운데 똑바로 꽂는다.

⋯ 향을 꽂은 다음 합장한 채로 한 걸음 뒤로 또는 옆으로 물러서서 반배를 한 다음 몇 발자국 뒤로 물러서서 돌아 제자리로 돌아온다.

생각 펼치기

- 합장 인사하는 방법, 절하는 방법이 올바른지 친구들과 함께 점검해보자.
- 법당에 처음 온 친구가 있다면 어떻게 법당 예절에 대해 알려줄 것인지 이야기해보자.

사찰의 하루

> 원하건대 대자비의 다함 없는 삼보시여!
> 저희의 예경을 받으시고 가피력을 내리시어 무진삼보 가피하여
> 온 법계의 모든 중생이 너도나도 모두 함께 무상 불도 이뤄지다.
>
> 『예불문』

사찰은 어떤 곳인가

사찰은 스님들께서 부처님의 가르침에 따라 불도를 닦는 수행 도량이자, 부처님의 가르침을 널리 펴서 중생을 제도하는 곳이다. 스님들은 사찰에 거주하면서 열심히 수행 정진하시고, 우리는 사찰에서 행하는 법회나 예불에 참석하여 부처님의 가르침을 배워 올바른 진리의 삶을 추구한다. 그래서 사찰에서는 정기적인 법회는 물론이고, 각종 불교행사와 불교의례가 치러진다.

사찰을 일컫는 말은 실로 다양하다. 가람伽藍, 도량道場, 정사精舍, 절寺 등이 그 낯익은 단어들이다. 많은 수행자가 모여 화합해 살기 때문에 가람이라 하고, 부처님이 항상 계시고, 부처님의 가르침을 지금 이 자리에 구현하는 곳이라 하여 도량이라고 하기도 한다. 또한 우리나라에서는 사찰을 흔히 절이라고 부르며, 깨끗한 집이라는 뜻으로 정사라고도 한다.

사찰에서는 모든 일이 수행이다. 밥을 먹는 것은 주린 배를 채우는 수단

이 아니다. 공양供養이다. 공양이란 음식물을 공급해 몸과 마음을 잘 기른다는 뜻이다. 마음의 온갖 욕심을 버리고 육신을 지탱하는 약으로 알고 깨달음을 이루고자 하는 마음으로 음식에 담긴 공덕을 생각하며 먹는, 먹기 수행이다. 이렇게 음식을 먹는 것 외에 부처님과 스님들께 올리는 모든 음식물은 물론 옷이나 의약품을 제공하는 것도 공양이라 한다.

청소도 수행이다. 스님들께 청소는 단순히 더러운 먼지를 없애는 일이 아니다. 주리반특가의 이야기에서도 알 수 있듯 마음의 먼지도 함께 쓸어내는 수행자의 일과인 것이다. 이뿐만이 아니다. 자는 것도, 차를 마시는 것도, 걷는 것도 모두 진리를 깨닫기 위한 수단이다. 그래서 사찰은 그 자체로 부처님의 가르침을 배우고 익히는 우리에게 진리로 나아갈 수 있도록 힘을 주는 곳이다.

도량석 道場釋

사찰의 하루는 새벽 3시에 시작된다. 3시가 되면 잠든 도량을 깨우는 도량석道場釋을 시작한다. 도량석이란 사찰을 청정하게 하는 의식이다. 도량석을 담당하는 스님이 법당 앞 중앙에 서서 목탁을 세 번을 오르내린 뒤 목탁 소리에 맞춰 경전을 독송하며 도량을 돈다. 만물은 부처님의 가르침을 들으며 서서히 잠에서 깨어 하루를 시작한다. 그래서 목탁 소리도 작은 소리에서 점차 큰 소리로 울리는 것이다. 도량석을 담당한 스님이 도량을 돌 동안 스님들은 법당에서 부처님께 삼배를 올리고 앉아 계신다. 도량석이 끝남과 동시에 법당에서는 종을 치며 종송鐘誦을 시작한다. 종송이 끝난 후에는 법당 밖 종루에서 법고, 운판, 목어, 범종의 순서로 온 우주 법계의 모든 중생을 깨운다.

종송

원하건대	이 종소리	온 법계에	두루 퍼져
철위산의	무간 지옥	깊은 어둠	밝아지고
삼악도의	중생들은	모든 고통	쉬어지며
칼산 지옥	무너져서	일체중생	깨달음을
이뤄지다.			

비로자나	교주이신	화장세계	자존께서
보배 같은	게송으로	팔만사천	묘법 펴니
티끌마다	서로 섞여	국토마다	원융무애
십조 구만	오천 사십	여덟 자의	일승원교
대방광불	화엄경에	지심귀명	하옵니다.

…하략…

종송은 미망에 빠진 모든 중생의 깊은 잠을 깨우며
지옥에서 고통 받는 중생에게 극락세계의 장엄을 일러주어 귀의 발원하도록 하는 의식이다.

새벽예불과 그 밖의 일정

타종 후에는 예불을 시작한다. 새벽예불은 다기茶器에 깨끗하고 맑은 청정수를 올리고, 그것을 하늘에서 내린 단맛의 이슬인 감로다로 변화시켜 불법승 삼보께 올리는 다게茶偈로 시작한다. 이어 예불의 핵심인 예불문을 정성스럽게 외우며 불법승 삼보와 불법을 전해온 역대 선지식들께 절을 올리며 귀의하는 의식을 올린다. 예불문을 외우면서 일곱 번 정성을 다해 절을 하기 때문에 예불문을 다른 이름으로 칠정례七頂禮라고도 한다. 예불문의 마지막은 나와 남이 동시에 성불에 이르겠다는 기원과 다짐이 들어 있다. 예불은 『반야심경』을 함께 읽으며 마무리한다.

예불이 끝나고 아침 공양을 하기 전까지 스님들의 교육기관인 강원에서는 경전 공부를 하는데, 이렇게 경전 공부하는 것을 간경看經이라 한다. 또는 스님들은 참선 수행하는 선원에서는 참선에 든다.

이후 사찰의 전 대중이 아침 공양을 하고 울력運力을 한다. 스님들의 노동을 일컫는 울력은 모두 힘을 합쳐 일한다는 뜻이다. 농사일, 노동, 청소 등 힘을 쓰는 모든 일이 울력이다. 스님들에게는 이 또한 수행이다. 울력도

방식과 순서가 있다. 대중의 힘을 빌려야 할 일이 있으면 아침 공양시 울력이 있음을 알림과 동시에 정해진 시간에 목탁을 두 번 내려친다. 목탁 소리를 들은 대중은 지위 고하를 막론하고 연장을 준비하고 일한다.

사찰에서는 매일 사시[오전 9시~11시]에 불공을 올리는 사시마지巳時麻旨를 한다. 마지는 공들여 만든 맛있는 음식이란 뜻이다. 단지 부처님께 음식을 올리고 복을 구하는 것이 아니라, 부처님의 한량없는 가르침과 하나가 되는 수행이기도 하다. 사시에 불공을 올리는 이유는 부처님께서 평소 하루에 딱 한 번 오전에만 식사하셨기 때문에, 훗날 제자들이 부처님의 수행 정신을 받들어 낮 9시에서 11시 사이에 공양을 올리게 된 것이다.

저녁예불은 종송으로 시작한다. 종송이 끝나면 사물을 울리고 범종을 친다. 저녁예불의 시작은 쇠로 만든 종을 먼저 울리는데 그 소리는 새벽의 도량석 목탁 소리와 반대로 크게 시작하였다 작게 끝난다. 저녁예불은 오분향례五分香禮 및 헌향진언獻香眞言으로 시작하는데 이는 부처님께서 갖추신 다섯 가지 공덕을 찬탄하는 의식이며, 향을 피워 공양을 올리면서 그 공덕을 다섯 가지 향에 비유해 찬탄한 것이다. 오분향례 및 헌향진언을 한 뒤「예불문」과『반야심경』을 외고 마친다.

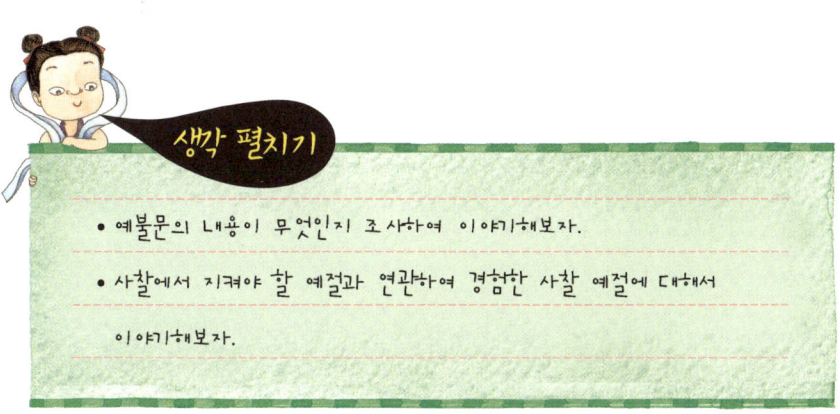

생각 펼치기

- 예불문의 내용이 무엇인지 조사하여 이야기해보자.
- 사찰에서 지켜야 할 예절과 연관하여 경험한 사찰 예절에 대해서 이야기해보자.

지혜 BOX

주리반특가 이야기

부처님의 제자 가운데 주리반특가라는 어리석은 인물이 있다. 함께 출가한 형은 총명했지만 주리반특가는 부처님의 여러 제자 중 가장 둔하고 머리가 나빴으나, 깨달음을 얻었다. 어리석은 주리반특가는 어떻게 깨달음을 얻었을까? 주리반특가는 글자를 몰랐을 뿐 아니라 방금 들은 말도 돌아서면 잊어버릴 정도로 머리가 나빴다. 부처님은 주리반특가에게 빗자루를 쥐여주며 '소'와 '세' 두 글자를 가르쳐주었다.

주리반특가는 '소'자를 외우면 '세'자를 잊어버리고, '세'자를 외우면 '소'자를 잊어버렸다. 그렇지만 주리반특가는 그 두 글자를 열심히 외웠으며 부처님께서 쥐여주신 빗자루로 쉬지 않고 경내를 부지런히 청소했다.

어느 날 청소를 하던 주리반특가는 이런 가르침을 얻었다.

'부처님께서 나에게 청소를 시킨 것은 지혜의 비로 마음의 때를 없애라는 뜻이구나!'

법회의 유래

덕 높으신 스승님 사자좌에 오르사, 사자후를 합소서, 감로법을 주소서.
옛 인연을 이어서 새 인연을 맺도록, 대자비를 베푸사 법을 설하옵소서. 〈청법가〉

법회란

부처님의 가르침을 설하고 듣는 모임을 법회法會라고 한다. 법회는 부처님께서 제자를 모아놓고 가르침을 설하던 것에서 유래한다. 부처님 당시부터 스님들과 불자들은 매월 두 차례씩 한곳에 모여서 자신의 잘못을 뉘우치고 부처님의 가르침대로 살아갈 것을 다짐했다고 한다. 또한 스님들도 부처님의 허락을 받아 일반인에게 부처님 말씀을 전해 불제자로 만들었다. 그렇게 해서 재가신도들은 부처님이나 스님들로부터 법문을 듣고 마음을 밝히게 되었다.

우리나라에서 법회는 전통적으로는 음력 초하루, 보름, 혹은 지장재일, 관음재일 등에 정기적으로 열렸다. 하지만 요즘은 일상생활의 변화에 맞추어 토요일 혹은 일요일에 청소년 법회를 하거나 학교에서

는 특별활동 시간의 동아리 모임을 활용하여 정기적으로 법회를 하는 경우도 있다. 또한 수계법회, 성지순례법회, 수련법회 등 특정 날짜를 잡아서 법회를 열기도 한다.

법회에 참여하는 청소년 불자

법회가 열리는 시간은 부처님의 가르침을 배우고 체험하는 거룩한 만남의 시간이며, 불자로서 생활을 점검하고 삶의 자세를 가다듬는 중요한 신행활동이다. 법회 시간에 마음을 밝히는 법문을 듣고 발심을 촉발하며 불자로 살아가는 것에 대한 환희로운 마음을 갖게 된다. 법문을 통해서 부처님의 가르침을 쉽고 재미있게 배울 수 있고, 진리의 길로 더욱 전진할 수 있는 힘을 얻는다. 또한 법회 때는 불보살님을 찬탄 공경하고 기도나 수행을 하며, 내일을 향한 힘찬 발원을 세운다.

올바른 청소년 불자가 되려면 부처님의 가르침을 직접 느끼고 공부할 수 있는 법회에 꾸준히 참석하는 것에서 시작한다. 그러므로 우리는 사찰이나 학교에서 열리는 정기 법회에 꾸준히 참석해야 한다. 더 나아가서 주위의 친구에게도 법회에 나갈 것을 권유해보자. 많은 청소년 불자가 부처님 말씀을 듣고 하루하루를 건강하고 밝은 모습으로 생활한다면 세상이 밝아지고 학교가 활기찰 것이다. 정말 가슴 뿌듯한 일이 아닌가.

법회는 많은 불자가 함께 참석하는 자리이므로 되도록 개인 활동을 삼가고 사회자의 안내에 따라 질서를 지키는 것이 중요하다. 법회에 동참하고자 한다면 늦어도 법회 시작 십 분 전에 도착해 먼저 부처님께 삼배의 예를 올리고, 정해진 자리에 앉아서 마음을 가다듬고 법회를 기다리는 것이 좋다.

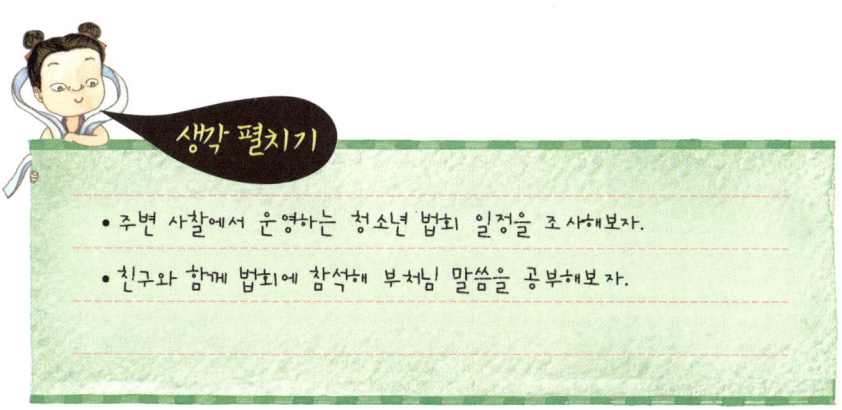

생각 펼치기

- 주변 사찰에서 운영하는 청소년 법회 일정을 조사해보자.
- 친구와 함께 법회에 참석해 부처님 말씀을 공부해보자.

나를 평화롭게 하는 수행

마치 비옥한 밭에 뿌린 씨가 잘 자라듯이
깨끗한 마음 밭 그와 같아서 부처님의 법 생장하나니
「화엄경」

수행이란

불교는 수행의 종교이다. 다른 종교와 달리 불교에서 수행법이 발달한 까닭은 무엇보다도 자신을 뒤돌아보고 닦아가는 깨달음을 강조하기 때문이다. 그래서 지금도 세계 곳곳에서 스님들이나 재가신도들이 불도를 이루겠다는 목표로 열심히 수행하고 있다.

그렇다면 수행이란 무엇인가? 수행이란 몸과 마음을 닦는 것이다. 탐욕과 분노, 어리석음으로 오염된 나를 깨끗하게 닦아 짜증 내지 않고 밝게 살아가는 것이다. 탐욕스러운 마음은 청정한 생활인 계戒로 잠재우고, 화내고 분노하는 마음은 그 마음을 조용히 잠재우는 깊은 선정禪定으로, 어리석음은 지혜智慧로 다스리며 씻어낸다면 행복의 길은 멀지 않다.

거울의 때를 닦으면 그 밝은 모습이 드러난다. 그러면 그 거울에 모든 것이 있는 그대로 비추어진다. 마음은 본래 거울처럼, 맑은 물처럼 깨끗하다. 푸른 하늘처럼 넓고 바다처럼 깊다. 그런데 그 하늘과 바다에 바람이 불고 파도가 일어 잠시 혼탁해져 있을 뿐이다. 수행은 이렇게 잠시 혼탁해진 때를 닦아내는 것이다.

우리는 수행을 통해 부처님을 닮아간다. 부처님의 가르침대로 살아간다. 그래서 수행자는 언제 어디서나 항상 행복하고 평화로운 순간을 살아간다. 부처님처럼 말이다.

수행은 잘못된 마음의 습관을 바꾸는 것에서 시작한다. 자신도 모르게 업에 끌려가는 삶을 멈추고, 나 자신의 참모습을 발견하여 당당하고 주체적으로 살아가는 것이다.

가만히 생각해보라.

마음은 잠시도 가만히 있지 못하고 쉴 틈 없이 출렁거리며 움직인다. 부모님의 공부하라는 잔소리, 마음에 들지 않는 친구의 행동, 덥기도 하고 춥기도 한 날씨의 변화에 마음은 좌충우돌하며 화를 내고 자신을 달달 볶는다.

수행을 하면 마음의 중심을 굳건히 잡고 외부의 어떤 소음에도 흔들리지 않게 된다. 소리에 놀라지 않는 사자처럼 늠름하고 의연해진다. 그래서 수행하는 사람은 행복과 불행이 모두 마음 상태에 의해 좌우된다는 것을 알기 때문에 실패나 불운한 환경에 좌절하거나 슬퍼하지 않는다.

수행을 하면 가장 소중한 순간은 지금 이 순간임을 깨달을 수 있고 또 그렇게 살게 된다. 지금 이 순간 깨어 있는 마음으로 충실하게 산다면 다가올 미래를 불안해할 필요도 없고, 지나간 과거를 후회할 필요도 없다.

수행은 어려운 것이 아니다. 나를 디자인할 수 있는 힘을 기르는 과정이

다. 그 과정에서 행복하고 평화롭게 사는 이치를 알 수 있으며 궁극에는 깨달음에 이를 수 있다.

수행의 효과

집중력이 높아졌다, 건강해졌다, 행복한 삶을 살게 되었다, 스트레스가 줄었다 등 많은 이가 수행을 하면서 자신의 변화한 삶에 대해 말한다. 이러한 수행의 효과를 신기하게 생각한 과학자와 의사들은 수행을 한 사람과 하지 않은 사람을 대상으로 여러 가지 실험을 했다. 그 결과 수행은 포유류 가운데 인간에게만 존재하며 기쁨, 행복, 집중력 등을 관장하는 뇌의 부분인 전두엽이 발달해 집중력을 높여주고, 동일한 일을 겪더라도 스트레스를 이기는 호르몬이 발달하여 삶을 긍정적으로 이끌 수 있는 의지가 생긴다는 연구 결과를 제시했다.

우리는 부처님의 가르침을 배워 자신의 삶의 주인공으로 살아가리라 결심하고 불자가 되었다. 말과 글로 배운 부처님의 가르침을 체득하는 방법이 바로 수행이다. 처음에는 낯설고 꾸준히 하기 어렵겠지만 작은 수행이라도 꾸준히 노력하면, 알게 모르게 바뀌는 자신의 모습을 볼 수 있다. 앞으로 소개할 다양한 수행 방법을 살펴보고, 가까운 사찰에서 스님들에게 수행 방법을 지도받아, 일상생활에서 언제나 수행을 하는 멋진 청소년 불자가 되어보자.

수행의 종류

불교는 수행의 종교라 할 만큼 다양한 수행법이 있다. 현재 우리나라에는 선, 염불, 주력, 간경, 절 등 전통적으로 내려온 수행법 외에 다양한 수행법이 있다. 최근에는 많은 사람이 명상을 한다. 명상 역시 수행의 일종으로 볼 수 있다. 대표적인 몇 가지 수행법을 알아보자.

선禪이란 고요히 집중하면서 마음을 닦아 행복하고 평화로운 나의 본래 모습을 찾는 것이다. 그중에서 간화선看話禪은 한국불교의 대표적인 수행법으로 전 세계적으로 주목받고 있다.

좌선하는 방법

좌선은 앉아서 선에 드는 것을 말하며, 다음과 같은 순서로 진행한다.

1. 먼저 마음에 있는 모든 걱정거리를 내려놓는다.
2. 방석 위에 바르게 앉아 척추를 바르게 하고 허리를 펴며 반가부좌 또는 결가부좌로 앉는다.
3. 손을 펴서 왼 손등을 오른 손바닥 위에 올려놓고(그 반대도 가함) 양 엄지손가락을 가볍게 서로 맞대어 타원형이 되게 한 다음 배꼽 밑 단전 부분에 댄다.
4. 몸을 전후좌우로 몇 번 움직여 바르고 안정된 자세를 갖추고

눈은 가늘게 내리떠서 졸음에 빠지지 않도록 한다.

5. 내 몸이 흰 눈처럼 녹아 없어진다는 생각을 하며 모든 긴장을 뺀다.
   그렇게 몸과 마음을 이완시킨다.

6. 입은 꼭 다물고 어금니를 지그시 물어 혀끝을 입천장에 살며시 댄다.

7. 호흡은 반드시 코로 하며 숨을 고르고 천천히 들이마셔서
   배꼽 아랫부분인 단전까지 내렸다가 편안하면서도 가늘고 길게 내쉰다.

8. 그런 상태에서 화두를 들거나 어느 한 대상에 고요히 마음을 집중한다.

염불念佛은 입으로 부처님의 명호를 부르고, 마음으로는 부처님을 생각하여 내 마음이 부처님과 같이 바뀌어 깨달음에 이르는 수행 방법이다. 완전한 행복과 자유를 얻은 부처님의 모습과 그 마음을 보고 느끼고 떠올린다면 자연스럽게 부처님을 닮아갈 것이다.

염불 수행하는 방법

법당이나 특정한 장소에서 일정 시간 염불할 때는 다음과 같이 한다.

1. 자리에 앉아 산란한 마음을 가라앉히고 불법승 삼보에 귀의하고서
   반가부좌 혹은 결가부좌를 한 자세로 염불을 시작한다.
   석가모니불, 아미타불, 관세음보살 등 자신이 가장 친근하고
   그 깨달음에 다가가고 싶은 부처님 혹은 보살님을 정성스럽게 부른다.

2. 반가부좌나 결가부좌 자세 외에 절을 하면서 염불하는 방법도 있다.

3. 염불은 향을 피우고 향이 다 탈 때까지로 시간을 정해도 좋고,

오 분, 십 분 한 시간 등 시간을 정해도 좋다.

또한 108염주나 1000주를 돌리며 그 숫자만큼 하는 것도 좋다.

4. 염불이 끝나면 소망을 다지면서 모두 함께 밝고 행복한 길로 나서길 발원한다.

주력呪力은 진언眞言을 외워서 그 힘으로 재앙을 제거하고 마음을 밝혀 부처님처럼 청정하고 행복한 삶을 찾는 것이다. 진언이란 부처님의 방대한 가르침을 응축한 진실한 말을 뜻한다.

주력 수행하는 방법

주력 수행 절차는 염불 수행과 같다. 단, 염불이 부처님의 명호를 생각하고 그 의미에 집중하면서 외는 것이라면 주력은 그 의미가 아닌 소리에 집중하면서 외운다는 차이가 있다.

간경看經은 부처님의 가르침이 담겨 있는 경전을 보고 그 지혜의 빛으로 마음을 밝히는 수행법으로, 독경, 독송 등 여러 가지 명칭으로 불린다. 간경 수행은 부처님의 가르침이 담긴 경전을 공부함으로써 마음을 밝혀 깨닫는 수행법이다. 부처님의 가르침이 그대로 담긴 경전을 지식으로만 공부하는 것이 아니고, 그 뜻을 이해하고 그 속에 담긴 진리의 말씀을 깨닫고 항상 지니고자 간경 수행을 한다.

간경 수행하는 방법

법당이나 특정한 장소에서 일정 시간 간경을 할 때에는 다음과 같이 한다.

1. 자리에 앉아 산란한 마음을 가라앉힌다.

   그리고 불법승 삼보에 귀의하고, 반가부좌, 결가부좌 혹은

   장궤합장 자세나 무릎을 꿇은 자세를 취한다.

2. 경전의 내용을 마음에 새기면서 운율에 맞게 독송하며,

   모르는 경전 말씀은 반드시 그 의미를 공부한다.

3. 경전 독송이 끝나면 자신의 발원과

   더불어 일체중생이 부처님의 가르침을 듣고 성불하기를 발원한다.

절 수행은 정성스럽게 마음을 다해 절을 하면서 나와 내 주변에 감사의 마음을 내고, 참회를 통해 건강한 몸과 마음을 만들 수 있는 수행법이다.

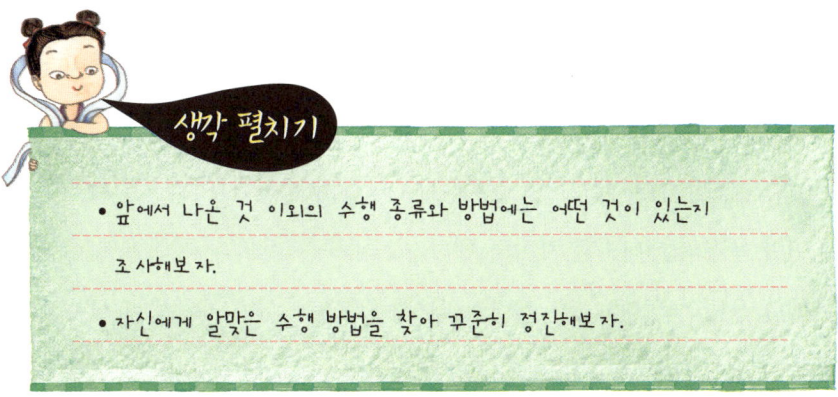

생각 펼치기

- 앞에서 나온 것 이외의 수행 종류와 방법에는 어떤 것이 있는지 조사해보자.
- 자신에게 알맞은 수행 방법을 찾아 꾸준히 정진해보자.

마음에 그리는 대로 이루어진다

서원하건대 혼탁한 세상에 기꺼이 뛰어들어 만일 한 중생이라도 성불하지 못한다면 끝까지 이 한 몸 중생계에 남겠습니다.

『수능엄경』

불자의 서원

일반적으로 사람들은 전생이나 조금 전 지은 업에 의해 이끌려 살아간다. 그러나 이러한 업일지라도 생각과 행동을 바꾸면 새로운 업으로 전환할 수 있다. 부처님의 가르침을 배워 수행하는 이유도 결국에는 이러한 업을 새롭게 창조하기 위함이다. 그래서 불자는 자신이 알게 모르게 지은 많은 업에 끌려다니는 업생業生으로서의 삶이 아니라, 부처님의 가르침에 따라 내 삶의 주인공으로서 살겠다는 원생願生으로서의 삶을 살아야 한다. 그것이 진정 멋있는 삶이다.

그렇다면 원願이란 무엇인가? 원은 반드시 이루어야겠다는 마음가짐이다. 서원誓願은 원을 세운다는 것이다. 다른 말로 발원發願이라고 한다.

원이란 욕망의 에너지를 자비의 에너지로 바꾸는 것이다. 사람에겐 누구에게나 욕망이 있다. 그런 욕망이 없다면 무엇을 이루고자 하는 목표를 세울 수 없을 것이다. 그렇다면 욕망과 원의 차이는 무엇인가? 욕망이 자신만의 욕심을 채우는 것이라면, 원은 자신뿐만 아니라 모든 사람의 바람을 채우는 것이다. 예를 들어 공부하거나 일을 할 때, 그것이 나만을 위한 공부나 일이 아니라 더불어 잘살기 위한 공부요, 일이라면 그것은 원이다. 어떤 목표를 세우고 공부할 때를 생각해보라. 그것이 나 자신의 행복만을 위해서가 아니라 우리 사회나 우리나라, 나아가 전 인류의 행복을 위해서 공부한다면, 마음가짐부터 달라진다. 이런 마음가짐으로 하는 공부는 그 공부 자체로 기쁘고 그 자세도 적극적이며 진취적이다. 이렇게 원은 마음을 크게 갖는 것이다.

마음은 한계점이 없다.

작게 만들면 작아지고, 크게 만들면 하염없이 커진다. 그리고 마음에 그리면 그리는 대로 이루어진다. 그렇게 마음의 각오를 굳건하게 다지고 새로운 인생과 역사를 창조한다는 마음가짐으로 살아야 한다. 우리 앞에 불가능이란 없다.

그래서 우리는 예불, 법회, 수행 등 어떤 의식을 하건 간에 항상 발원문을 봉독하고, 마음을 다해 원을 세운다. 부처님의 가르침을 배우고 수행하겠다고 결심한 불자라면 언제 어디에서나 마음속에 희  망찬 서원을 세우고 발원하여 활기찬 삶을 만들어야 한다.

사홍서원 四弘誓願

사홍서원이란 네 가지 큰 서원을 말한다. 불자라면 누구나 이 사홍서원을 마음속에 새기고 힘차게 살아야 한다. 그래서 모든 법회나 의식은 사홍서원으로 마무리한다. 이 사홍서원의 내용은 다음과 같다.

가없는 중생을 맹세코 건지리다. 衆生無邊誓願度 중생무변서원도
끝없는 번뇌를 맹세코 끊으리다. 煩惱無盡誓願斷 번뇌무진서원단
한없는 법문을 맹세코 배우리다. 法門無量誓願學 법문무량서원학
위 없는 불도를 맹세코 이루리다. 佛道無上誓願成 불도무상서원성

보살은 상구보리 하화중생 上求菩提 下化衆生 의 삶을 살아간다. 한편으로는 깨달음을 구하고 다른 한편으로는 중생을 구제한다. 나 자신이 완성된 인간으로 살아가는 동시에 주변의 고통받는 이웃에게 자비의 손길을 펼치는 것이다.

주변의 수없이 많은 중생이 고통에서 자유롭지 못하다. 시기와 질투, 분노와 슬픔, 경쟁과 투쟁, 병과 죽음에 번민한다. 이러한 가없는 중생을 맹세코 건지리라고 서원을 세우는 것이 중생을 구제하는 삶이다. 그리고 나에게 번뇌가 잠시도 쉬지 않고 끝없이 일어나기 때문에 그것을 모두 끊고 행복하게 살겠노라고 다짐한다. 그래서 끝없는 번뇌를 맹세코 끊겠다고 서원한다.

부처님의 가르침인 법문 또한 맹세코 다 배워야 한다. 그런데 그 배움에

는 한계가 없다. 무한량 솟는 생명수와 같다. 그리고 그 이상이 없는 최고의 깨달음을 이루고야 말겠다는 서원을 세운다.

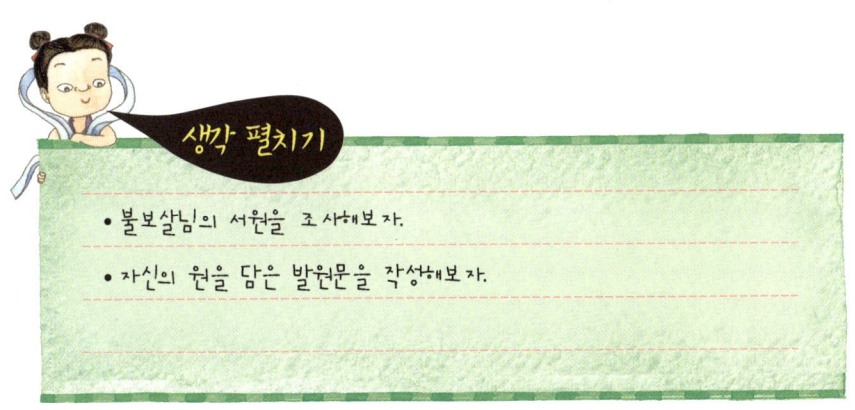

생각 펼치기

- 불보살님의 서원을 조사해보자.
- 자신의 원을 담은 발원문을 작성해보자.

법회 식순

법회의 식순은 각 사찰의 전통과 특성에 따라 다를 수 있지만 일반적으로 법회를 할 때에는 아래와 같은 식순으로 진행한다.

1. 삼귀의   삼보님께 지극한 마음으로 귀의하는 노래
2. 찬불가   부처님의 공덕을 찬탄하는 노래
3. 반야심경 지혜의 완성을 염원하며 외우는 경전
4. 청법가   법사님께 설법을 청하는 노래
5. 입정   법문 듣기에 앞서 마음을 고요히 가다듬는 시간
6. 설법   부처님의 가르침을 간절한 마음으로 들음
7. 정근   부처님의 명호를 마음을 다해 부름
8. 발원문   부처님의 가르침을 듣고 중생에게 회향하고자 원을 세움
9. 사홍서원 네 가지 큰 서원의 실천을 다짐하는 노래

지혜 BOX

삼귀의

경전에서
최영철 작곡

거룩한 부-처님께 귀의합니다

거룩한 가-르침에 귀의합니다

거룩한 스-님들께 귀의합니다

지혜BOX

청법가

이광수 작사
이찬우 작곡

덕 높-으 신 스-승님 사 자-좌에 오 르사--

사 자-후를 합-소서 감 로-법을 주-소서

옛 인연을 이 어서 새 인연을 맺-도록

대 자-비를 베-푸사 법 을-설 하 옵-소서

청법가는 부처님의 가르침인 법(法)을 말씀해주시길 간절히 원하는 노래로,
법을 듣기 전에 청법가를 부르면서 부처님의 가르침을 배우려는 순수한 마음을 가진다.

사홍서원

경전에서
최영철 작곡

중생을 다 건지오리다

번뇌를 다 끊으오리라

법문을 다 배우오리라

불도를 다 이루오리라

청소년 불자가 나아갈 길

지나간 과거에 매달리지도 말고, 아직 오지 않은 미래를 기다리지도 말라.
오직 현재의 한 생각만을 굳게 지켜보아라.
그리하여 지금 할 일을 다음으로 미루지 말고 다만 하라.
참되게 굳은 관찰로 현재를 살아가는 것, 그것이 순간순간을 살아가는 최선의 길이다.
「법구경」

불국토 건설을 향하여

우리 선조는 이 땅에 불국토佛國土 건설을 꿈꾸었다. 불국토란 부처님 가르침이 살아 있는 행복한 나라다. 예로부터 우리나라는 부처님과 인연이 깊은 곳이요, 불보살님이 영원히 머무는 땅이라고 했다. 천하의 명산 금강산은 대승불교의 대표적인 경전 『금강경』에서 따온 말이다. 아울러 금강산은 법기보살님이 일만 이천의 식구를 데리고 머문다고 했다. 그뿐이랴. 웬만한 우리나라의 산과 들에는 불보살님이나 불교의 중요 개념을 이름으로 내걸었다. 비로봉, 관음봉, 원효봉, 의상봉, 불광동, 화엄벌, 미륵골, 부처골 등 이루 헤아리기조차 힘들다.

불국이란 부처님 가르침이 산과 들에 울려 퍼지고, 그 가르침대로 살아가는 사람들의 행복한 미소가 번지는 곳이다. 그런 사람들이 모여 아름다운 불교문화를 발전시켜 그 문화의 향기가 모락모락 피어나는 곳이 불국토다. 청소년 불자들이 앞으로 만들어갈 나라가 그런 나라여야 한다.

우리가 해야 할 일

불국토 건설을 위해 우리가 해야 할 일은 무엇인가?

첫째, 부처님 말씀을 제대로 알아야 한다. 부처님 말씀은 인생과 세계에 대한 깊은 통찰을 보여주며, 고통에서 벗어나 지극한 행복과 평화를 지향하는 길을 제시한다. 그것은 보편적인데다 깊이가 있으며 시공을 초월한다. 최근 미국의 청소년들은 함께 모이면 불교에 대해 토론한다고 한다. 우리도 부처님 말씀을 가슴 깊이 새겨 부처님 가르침을 주제로 삼아 삶을 풍부히 해야 할 것이다.

둘째, 부처님 말씀대로 실천하여 부처님을 닮아야 한다. 부처님 말씀을 아는 것에서 한 단계 더 나아가 그 가르침대로 생각하고 말하며 행동해야 한다. 그래서 마음이 한없이 넓어져야 한다. 얼굴이 평화롭고, 행동이 멋있고 활달해야 한다. 그렇게 부처님을 닮아야 한다.

셋째, 부처님 말씀을 친구와 이웃에게 전해 행복한 삶으로 이끌어야 한다. 부처님 가르침을 나만 간직할 것이 아니라 친구나 주변의 사람에게 전해 불교가 널리 전해진다면 어떻게 될까? 그렇다면 많은 사람이 부처님 가르침을 받들고 행하여 행복의 길로 접어들 것이다.

넷째, 소외된 이웃에게 자비를 베풀어야 한다. 주변을 둘러보면 소외된 이웃을 보게 된다. 가난의 굴레에 시달리는 사람, 연약하고 외로운 사람, 병으로 고통받는 사람, 남들에 비해 능력이 좀 떨어지는 사람, 독재자의 압제에 눌려 사상의 자유를 못 누리는 사람 등 많은 사람이 아파하고 있다. 소외된 이웃에게 자비를 베풀어 함께 나누며 살아야 한다. 따스한 마음은 나눌수록 커지는 법이다. 땅에 심은 씨앗도 두 갈래 떡잎으로 나뉘어야 성장하듯이 서로가 마음을 나누고 물질을 나누면 넓고 깊게 성장하기 마련이다.

다섯째, 환경을 보호해야 한다. 현재 인간만이 잘살자는 인간 중심주의로 말미암아 환경이 급격하게 파괴되고 있다. 지구 온난화로 인해 자연재해가 수시로 일어나며 많은 동식물이 죽어간다. 무분별한 개발로 국토가 파헤쳐지고 물이 썩어간다. 환경이 악화되면 사람이 사는 터전은 더 이상 행복한 곳이 아니다. 그곳은 불국이 아니다.

우리의 다짐

우리는 불국토 건설을 위해 이러한 실천 의지를 다지면서 무한 경쟁이 아닌 무한 향상의 삶을 살아야 한다. 너를 이겨야 내가 출세할 수 있고, 너를 죽여야 내가 살 수 있는 무한대립적인 약육강식의 논리는 지양해야 한다. 무한히 경쟁하여 소수만이 부와 명예를 누리고 나머지는 짓밟히는 삶의 모습은 더 이상 평화롭지 못하기 때문이다. 조금 적게 쓰고 적게 입더라도 서로를 배려하고 함께 성장하는 삶을 살아야 한다. 그렇게 정신이 무한히 향상할 때 불국토가 성큼 다가올 것이다.

생각 펼치기

- 불국토 건설이 무엇인지 그 의미를 되새기고, 내가 할 수 있는 일을 이야기해보자.
- 청소년 불자로서 올바른 마음가짐을 갖고, 일상생활에서 실천할 수 있는 다양한 사례를 이야기해보자.

사진목록

2장
- 합천 해인사 풍경　계영석
- 포항 보경사 팔상도 도솔래의상　불교중앙박물관
- 포항 보경사 팔상도 비람강생상　불교중앙박물관
- 포항 보경사 팔상도 사문유관상　불교중앙박물관
- 포항 보경사 팔상도 유성출가상　불교중앙박물관
- 포항 보경사 팔상도 설산수도상　불교중앙박물관
- 포항 보경사 팔상도 수하항마상　불교중앙박물관
- 포항 보경사 팔상도 녹원전법상　불교중앙박물관
- 포항 보경사 팔상도 쌍림열반상　불교중앙박물관
- 청원 왕암사 대웅전 유성출가상　목경찬
- 청원 왕암사 대웅전 설산수도상　목경찬
- 순천 송광사 벽화 녹원전법　계영석

3장
- 서울 조계사 법륜　정영옥
- 파라미타 행사　대한불교조계종 파라미타
- 부처님오신날 봉축 행사　대한불교조계종 사회부
- 부처님오신날 봉축 행사　대한불교조계종 봉축위원회
- 파라미타 행사　대한불교조계종 파라미타
- 파라미타 연합캠프　대한불교조계종 파라미타
- 파라미타 여름캠프　대한불교조계종 파라미타
- 파라미타 수련회　대한불교조계종 파라미타
- 파라미타 청소년댄스경연대회　대한불교조계종 파라미타

4장
- 부처님오신날 봉축 행사　대한불교조계종 봉축위원회

- 부처님오신날 봉축 행사   대한불교조계종 봉축위원회

5장
- 삼국유사   『불교문화』, 2005, 조계종출판사
- 운문사 태안반도 기름 제거 자원봉사   대한불교조계종 홍보팀
- 순천 송광사 벽화 지혜바라밀   계영석
- 순천 송광사 벽화 정혜결사   계영석
- 서산대사 진영   『불교문화』, 2005, 조계종출판사
- 탁발해서 모은 돈으로 빈민구제(대만)   대만 불광산사
- 국제불광회의 필리핀 태풍 수해 구호   대만 불광산사
- 불광산불타기념관 기공식(대만)   대만 불광산사
- 대만 불광산사 전경   대만 불광산사
- 국제불광회의 인도 빈민구제   대만 불광산사
- 미주리 세인트루이스 불국사   대한불교조계종 국제팀
- 미주리 세인트루이스 불국사 법회   대한불교조계종 국제팀
- 미국 불광산 서래사 전경   대만 불광산사
- 폴란드 바르샤바에서 열린 2008년 세계일화   서울 화계사
- 폴란드 바르샤바에서 열린 2008년 세계일화   서울 화계사
- 부처님오신날 봉축 행사   서울 조계사
- 미주리 세인트루이스 불국사   대한불교조계종 국제팀
- 부처님오신날 봉축 행사   대한불교조계종 봉축위원회
- 해남 미황사 참사람의 향기, 참선   한국불교문화사업단
- 템플스테이 발우공양   한국불교문화사업단

6장
- 경주 석굴암 본존불   불교문화재연구소

- 합천 해인사 장경각   대한불교조계종 중앙기록관
- 고려대장경판   대한불교조계종 사회부
- 합천 해인사 장경각 고려대장경   대한불교조계종 사회부
- 석보상절   동국대학교 도서관
- 월인석보 9권, 10권 표지   김민영
- 월인석보 9권, 10권 속지   김민영
- 범패   서울 조계사
- 범패   서울 조계사
- 범패   서울 조계사
- 영산회상재   서울 조계사
- 바라춤   서울 조계사
- 나비춤   서울 조계사
- 다례재   서울 조계사
- 다례재   서울 조계사
- 발우공양   대한불교조계종 사회부
- 파라미타 수련회 발우공양   대한불교조계종 파라미타

7장
- 봉화 청량사 전경   봉화 청량사
- 순천 송광사 하마비   계영석
- 합천 해인사 당간지주   계영석
- 부산 범어사 일주문   대한불교조계종 중앙기록관
- 예산 수덕사 금강문   대한불교조계종 중앙기록관

- 부산 범어사 천왕문 사천왕상 지국천왕   대한불교조계종 중앙기록관
- 부산 범어사 천왕문 사천왕상 광목천왕   대한불교조계종 중앙기록관
- 부산 범어사 천왕문 사천왕상 증장천왕   대한불교조계종 중앙기록관
- 부산 범어사 천왕문 사천왕상 다문천왕   대한불교조계종 중앙기록관
- 합천 해인사 해탈문   계영석
- 부산 범어사 불이문   대한불교조계종 중앙기록관
- 영주 부석사 안양루   대한불교조계종 중앙기록관
- 영주 부석사 요사   계영석
- 예산 수덕사 대웅전과 석탑   대한불교조계종 중앙기록관
- 보은 법주사 삼성각   계영석
- 부산 범어사 대웅전   대한불교조계종 중앙기록관
- 문경 봉암사 대웅보전   정영옥
- 보은 법주사 팔상전   계영석
- 합천 해인사 대적광전   계영석
- 부석사 무량수전   계영석
- 보은 법주사 약사전   계영석
- 금산사 미륵전   대한불교조계종 중앙기록관
- 보은 법주사 원통보전   계영석
- 합천 해인사 명부전   계영석
- 중국 숭악사탑   *우인보
- 일본 법륭사 5층 목탑   우인보
- 중국 소림사 탑림   장혜경

- 부여 정림사지 5층탑   우인보
- 경주 분황사 모전석탑   우인보
- 인도 산치탑   우인보
- 화순 쌍봉사 목탑   우인보
- 수종사 부도 금제탑   불교중앙박물관
- 합천 해인사 성철 큰스님 사리탑   계영석
- 백화암 부도탑   한국불교문화사업단
- 분황사 탑 공양품   『불교문화』, 2005, 조계종출판사
- 서울 조계사 삼존불   서울 조계사
- 경주 석굴암 본존불   불교문화재연구소
- 영주 부석사 무량수전 아미타여래좌상 소조불   대한불교조계종 중앙기록관
- 문경 봉암사 마애불   정영옥
- 보은 법주사 관음보살좌상 목조불   계영석
- 강진 무위사 벽화   『불교문화』, 2005, 조계종출판사
- 구례 천은사 극락보전 삼장탱화   『불교문화』, 2005, 조계종출판사
- 남양주 봉선사 괘불   『불교문화』, 2005, 조계종출판사
- 영산회상도   『불교문화』, 2005, 조계종출판사
- 일본 사이후쿠지 관경16관변상도(고려)   『불교문화』, 2005, 조계종출판사
- 강진 무위사 아미타내영도   『불교문화』, 2005, 조계종출판사
- 순천 송광사 심우도 심우   계영석
- 순천 송광사 심우도 입전수수   계영석
- 대방광불화엄경 진본 변상   불교중앙박물관
- 대방광불화엄경 진본 변상 탁본   불교중앙박물관
- 고려 수월관음보살도   불교중앙박물관
- 영주 부석사 법고   대한불교조계종 중앙기록관
- 흥국사 유물전시관의 운판   불교문화재연구소

- 영주 부석사 목어 　대한불교조계종 중앙기록관
- 선암사 성보박물관 소재 대원사 부도암명 범종 　불교문화재연구소
- 합천 해인사 닫집 　계영석
- 합천 해인사 불단 　계영석
- 합천 해인사 비로자나불 　계영석
- 오대산 상원사 동종 　불교문화재연구소
- 염주 　정영옥

8장
- 파라미타 연합캠프 　대한불교조계종 파라미타
- 파라미타 국제청소년캠프 연비 　대한불교조계종 파라미타
- 사찰 전경 　대한불교조계종 사회부
- 울력 　대한불교조계종 사회부
- 파라미타 금강산 캠프 법회 　대한불교조계종 파라미타
- 새벽예불 　대한불교조계종 파라미타
- 파라미타 속리산 캠프 좌선 　대한불교조계종 파라미타
- 파라미타 연합캠프 　대한불교조계종 파라미타
- 청계천 등 전시 　대한불교조계종 봉축위원회

사진을 협조해주신 모든 분과 기관께 감사드립니다. 이 책에 실린 모든 자료는 저작권법에 의하여 보호를 받는 저작물이므로, 무단으로 복사, 전재하거나 변형하여 사용할 수 없습니다.

색인

ㄱ

가람 220 283
간경 286 296 298 299
간화선 162 182 183 296
건칠불 244
격의불교 166
경전 변상도 250
경전문학 212 213
경화 249
계율 83 84 158 221 272
고두례 279 280
고려대장경 192 194
고성제 75
공 129 167
관경변상도 250 253
관세음보살 168 228 230 250 263 297
관음보살도 250
괘불 248
교선일치 157 163 164
극락전 228
근본 8탑 232
금강경 308
기원정사 145 208

ㄴ

나한도 250

남

남방불교 166 173
내원궁 259
노사나부처님 228
녹야원 37 45 52 71 165
니이다이 68

ㄷ

닫집 259 260
당번 259
대묘상보살 230
대세지보살 228 250
대승불교 165 166 167 181 308
대웅전 228
대적광전 228
데바닷타 69
도량석 284 285 287
도명존자 230
도성제 76
독존불화 250
동사섭 148 149

ㄹ

라훌라 57
룸비니 동산 40 45 47

ㅁ

마애불 244

마야 왕비 40 42 54

마지 287

멸성제 75

명부전 230

무독귀왕 230

무량수불 228

무량수전 228

미륵부처님 39 228 230 250

미륵불화 250

미타전 228

ㅂ

바라밀 111

반배 275 277 278 280 281 282

반야바라밀 113

반야심경 286 287 304

백고좌법회 158

범패 197

법 11 12 13 66 67 68 75 88 133

법명 273

법신 233

법신사리 233 234 237

법화경 198 250

변상도 255

보개 259

보시바라밀 111

보시섭 148

복발형 235

본생도 249

부도 237

북방불교 166

불경언해서 195

불국토 221 222 308 309 311

불단 259 260

불상 198 219 220 228 230 234 237 239 240

불연국토설 157 158

불전사물 257

불탑 191 199 218 232 233 234 238 277

비로자나부처님 228 242 246 250

비로자나불화 250

비로전 228

ㅅ

사르나트 37 45 71 165

사리 165 191 198 199 220 232 233 236 239

사리구 259

사리탑 233 237 240

사무량심 140 142

사문유관 55

사섭법 148 150

사시마지 287

사유설 102

사홍서원 302

산신도 250

색인 319

산신도 250
삼국사기 155
삼국유사 155 156 202 213
삼귀의 269
삼독 83 84 106 110
삼보 66 209 267 269 277 286 297 299
삼세불화 250
삼학 84
상적유경 75
상좌부불교 166 176 177 181
샤리푸트라 68
석가모니 42
석가모니부처님 36 62 198 232 240 242 248 250
석가모니불화 250
석가세존 42
석가족 42
석가후불화 250
석보상절 213
선다일미 204
선다일여 204
선정 23 84 111 136 143 292
선정바라밀 112
세계종교회의 174 176
세속오계 158
수미단 250 259 260
수바드라 69 70
수인 242
수자타 59

수정주의자 58 59
숫도다나 왕 42
스투파 232
승탑 191 233 237
시왕도 250
십선업 99
십악업 99
싯다르타 40 54 55 57 58 59 61

ㅇ
아난다 69
아니룻다 22
아라한 66 67
아미타내영도 253
아미타독존도 250
아미타부처님 242 250 253
아미타불화 250
아미타삼존도 250
아미타후불화 250
아쇼카 왕 165 166 173 232
안나반나념경 207
안나콘단냐 66
앙굴리마라 68
애어섭 148 149
야사 143
야소다라 57
약사여래도 250
업 95 96 98 102 105 106 293 300

업생 300
연기 61 159
연기법 88 120
연등부처님 212
열반경 206
영산회상곡 198
영산회상도 250
오계 270 272
오도송 213
오분향례 287
오온설 92
오체투지 209 275 277 278 280
우전 왕 240
울력 149 286
원효대사 157 199
월인석보 192 213
월인천강지곡 192 198 213
위빠사나(위파사나, 위빠싸나) 177
유원반배 279
육바라밀 111
윤회 101 102 106
윤회설 102 106
이불란사 219
이차돈의 순교 155
이행섭 148 149
이형탑 235
인과 89
인연생기법 88

인욕바라밀 112

ㅈ

장엄구 257
적멸보궁 259 237
전륜성왕 42
전법게 213
전오식 133
정진바라밀 112
정형탑 235
정혜쌍수 157
제망매가 198 213
종루 284
종송 285 287
좌선 143 296
주력 296 298
주리반특가 284
죽림정사 219
중도 120 123
중아함 75
지계바라밀 111
지눌대사 157
지장보살도 250
진신사리 232 233 237
집성제 75

ㅊ

차수 275

찬불가 197 198
참여불교 170 182
천개 259
초문사 219
초전법륜 66
출라판타카 68
칠성도 250
칠정례 286

ㅋ
카샤파 68
카필라국 42
코살라국 145 208
콘단냐 66
쿠시나가라 69

ㅌ
탄생게 43
탄생불 43
탱화 248 249
템플스테이 183
티베트불교 168 176 177

ㅍ
파사익 왕 145 208 240
파자파티 54
팔관재회 158
팔리경전학회 173

팔만대장경 158
팔상도 249 250
팔정도 199
푸르나존자 69
피안 17 109 111

ㅎ
하심 209 221
합장 275 276 278 280 281 282
해탈 30 59 106 125 135 223
향가 192 198 213
헌향진언 287
화두 183 297
화엄경 23 250 292
화쟁사상 157
화청 197
후불화 249
휴정대사 157 158

집필위원(가나다순)

김윤경 동국대학교 불교학과 졸업 / 동국대학교 대학원 불교학과 응용불교학전공 수료 / 현재, 동국대학교 사범대학 부속 고등학교 교법사

박영동 동국대학교 불교학과 졸업 / 한양대학교 교육대학원 상담심리학과 졸업 / 현재, 동국대학교 사범대학 부속 여자고등학교 교법사 및 파라미타 중앙위원 및 청소년문화연구소장

성재헌 동국대학교 불교학과 졸업 / 해군 군종법사 역임 / 동국 역경원 근무 / 현재, 『법회와 설법』 집필위원

우인보 동국대학교 불교학과 졸업 / 동국대학교 대학원 미술사학과 박사과정 수료 / 1급 청소년 지도사 / 현재, 동국대학교 사범대학 부속 고등학교 교법사

유동호 동국대학교 불교학과 졸업 및 동대학원 불교학과 졸업 / 현재, 광동중학교 교법사 및 대한불교 조계종 전국교법사단 단장

청소년 불교입문

1판 1쇄 펴냄 2009년 1월 12일
1판 6쇄 펴냄 2019년 10월 30일

엮은이 대한불교조계종 포교원 포교연구실
집필위원 김윤경, 박영동, 성재헌, 우인보, 유동호
편찬위원 효장 스님(은평법당 지도법사), 김덕진(동대부중 교법사), 김윤경, 박영동, 성재헌, 우인보, 유동호, 이대성(진관사 지도교사)

펴낸이 정지현
펴낸곳 (주)조계종출판사

출판등록 제2007-000078호 **등록일자** 2007년 4월 27일
주소 서울시 종로구 삼봉로 81 두산위브파빌리온 232호
전화 02 720 6107~9 **팩스** 02 733 6708
구입문의 불교전문서점 (www.jbbook.co.kr) 02 2031 2070~1

ⓒ 대한불교조계종 포교원 포교연구실

ISBN 978-89-93629-03-3 43220

★ 저작권법에 의하여 보호를 받는 저작물이므로 무단으로 복사, 전재하거나 변형하여 사용할 수 없습니다.
★ 책값은 뒤표지에 있습니다.
★ (주)조계종출판사의 수익금은 포교·교육 기금으로 활용됩니다.